알기 쉬운 교실 상호문화교육

알기 쉬운 교실 상호문화교육

2019년 12월 10일 초판 인쇄
2019년 12월 15일 초판 발행

지은이 로즈마리 샤브, 리오넬 파비에, 스와직 펠리시에
옮긴이 서영지
교정교열 정난진
펴낸이 이찬규
펴낸곳 북코리아
등록번호 제03-01240호
주소 [13209] 경기도 성남시 중원구 사기막골로 45번길 14
우림 2차 A동 1007호
전화 02-704-7840
팩스 02-704-7848
이메일 sunhaksa@korea.com
홈페이지 www.북코리아.kr
ISBN 978-89-6324-668-0(93370)

값 14,000원

• 이 책은 한국프랑스어문교육학회 송정희 교수의 출판 지원금을 받아 출판되었습니다.

알기 쉬운 교실 상호문화교육

다문화 시대의 교육적 해법

로즈마리 샤브, 리오넬 파비에, 스와직 펠리시에 지음 / 서영지 옮김

북코리아

저자 서문

현대사회의 특징은 다문화적이다. 다른 집단과의 그 어떤 교류도 하지 않는 집단을 만난다는 것, 구성원이 그 어떤 경제적 관계·대화·혼합도 허용하지 않는 완전히 동질적인 집단을 만난다는 것은 불가능하다.

모든 국가는 이주, 혼혈, 공동생활, 생활방식·의식·가치의 동화로 형성되었다. 호주, 브라질, 캐나다, 미국 등이 그 좋은 예이다. 유럽 국가 역시 계속적인 이민 유입으로 만들어졌다. 게다가 경제적·정치적 영역이 국가 간 상호의존성을 보여주는 유일한 영역은 아니다. 사람들이 먹고 마시고 소비하는 행위, 옷 입는 행위 등은 모두 근본적으로 다양한 지리적 기원을 담고 있으며 문화 간 상호침투를 설명한다.

만약 이것이 보편적이라면, 상호문화적 접근 현상이 교육적·정치적 담화에서 많이 나타나는 것은 어떻게 설명될 수 있을까?

이것은 바로 다중문화적 현실, 사회 간 상호의존성, 인구의 혼성에도 불구하고 포괄적이고 단순화된 표상, 타인에 대한 거부, 내생적 사회집단 속에 이민자와 새로운 구성원의 수용에 적대적 태도 등을 보여주는 담론이 근절되지 않기 때문이다.

출신 국적과 출생 장소는 매우 강한 식별 기준이긴 하지만, 그것이 전부는 아니다. 다른 소속 집단도 수용 또는 배제, 공유된 가치, 언어적 부호, 인정의 시각적 특징 또는 의식이라는 똑같이 엄격한 원칙하에 형성되고 운영된다. 모임, 클럽, 조합, 정당 또는 협회는 형식화된 형태이고, 그보다 덜

형식적인 집단도 존재한다. 예를 들어 같은 학교의 학생, 친구 모임, 스포츠동호회, 문화동호회, 예술가의 팬클럽 등이 여기에 속한다. 결국 개인은 여러 집단에 소속되어 있다고 느낄 수 있다.

그래서 정규 수업시간과 방과 후 수업시간에 상호문화적 접근을 통합하는 것은 매우 유익하다. 타인에 대한 표상, 이질성과의 만남에 대한 성찰과 우리 모두가 단순화된 사고 구조를 갖고 있다는 인식은 타인 또는 다른 집단에 좀 더 객관적이고, 좀 더 의식적인 관점을 취할 수 있게 한다. 이런 접근은 자기 자신, 자기 고유의 소속, 자신의 고유한 가치를 성찰하게 한다.

아마도 언어 수업은 이러한 접근을 실행해볼 수 있는 가장 좋은 과목일 것이다. 이 같은 접근은 모국어, 역사, 지리, 경제, 철학 같은 다른 과목에서도 통합될 수 있다. 각각의 과목은 새로운 관점의 원천이기도 하다.

유럽에서 상호문화는 시민성과 집단 정체성을 확립하기 위한 중요한 차원이다. 지리적 이동과 교류는 이 공간을 만드는 매우 중요한 요소이다. 이러한 관점에서 정치적·교육적 기관은 상호적 인식과 이해를 개신하기 위한 프로그램을 실행하고 있다. 이들 프로그램은 어느 정도의 성공과 진정성으로 복수언어주의를 발전시키려고 한다. 이러한 변화는 한편으로 유럽을 건설하려는 공동의 의지와 다른 한편으로는 각 회원국의 특권을 유지하려는 의지 사이에서 일어나는 끊임없는 갈등을 보여준다. 서로에 대한 표상은 모든 국제기구 활동에서 특히 중요한 역할을 한다.

이 책에서 우리는 교육 프로젝트의 기본적인 가치로서 타인에 대한 개방성, 호기심의 발동, 상이한 사고방식에 대한 이해와 존중을 강조할 것이다. 우리의 목표는 용어의 개념을 명확히 하고, 교사들이 수업에서 구체적으로 실현할 수 있는 프로젝트와 활동을 제안하는 데 있다. 중요한 것은 이질성과의 만남, 차이의 수용을 용이하게 하기 위해 간단하고 유용한 상호문화적 방법을 소개하는 것이다.

우리는 두 가지 차원으로 구별할 것이다.

- 집단적 차원: 이 차원은 사실적 지식의 획득과 명백한 자료의 연구를 통해 집단이나 국가를 이해하도록 해 준다.(예: 역사, 인구 변화, 법률, 매체 속에 나타난 사회 행동, 정치, 제도, 문화생활 등)
- 교류의 개인적 차원: 이 차원은 개인적인 삶이나 경험과 관련된 것으로, 이를 위해 우리는 '가능한 한 객관적으로 살펴보는 방법 배우기', '자신과 타인에 대한 성찰적 차원 개발하기'와 관련된 활동을 차례로 제안할 것이다.

선택된 예시는 특히 사람들 간의 만남과 교육적 프로젝트를 직접 연결하는 학교 교류를 강조한다. 이러한 예는 자매결연 도시와 만남, 수학여행, 프로젝트 수행을 위한 국제협력 같은 교류나 여행에도 적용될 수 있다. 우리는 의도적으로 언어교육의 범주에서 실현 가능한 활동에 큰 비중을 두었다.

역자 서문

현대사회는 문화 세계화의 시대이다. 국제화, 세계화, 제4차 산업혁명 물결의 영향으로 개인은 그 어느 때보다 더 다양하고 이질적인 문화를 경험하게 되었다. 많은 국제기구와 국가는 문화의 다양성을 인정하면서도 그에 따라 빚어지는 문화 충격, 정체성, 이질성, 편견 같은 문화적 문제를 해결하기 위해 각고의 노력을 기울이고 있다. 이러한 시대적 변화는 교육 패러다임의 전환을 불러왔다. 다문화를 먼저 경험한 유럽은 문화 다양성을 관리하는 교육적 해답으로 상호문화교육을 주창하였다. 유럽연합, 유럽평의회 및 OECD는 21세기를 살아가는 현대인이 꼭 갖추어야 할 핵심 역량으로 상호문화 역량을 권고하고, 2008년을 '유럽 상호대화의 해'로 지정한 이후 상호문화백서, 상호문화도시, 상호문화교육과 관련된 다양한 활동을 펼치고 있다.

한국의 교육 현실도 예외는 아니다. 최근 통계자료(2018.12.31)에 따르면, 국내에 거주하는 이주 외국인은 230만 명을 기록했고, 이는 전체 인구에서 거의 5%나 차지하는 상당한 수치이다. 그중 다문화 학생의 비중은 12만 2천 명으로 전체 학생 중 2.2%를 넘어섰다. 2018년을 기준으로 다문화 학생이 재학하고 있는 초·중·고교는 287개교로 총 학교 수(322개교) 중 89%를 차지한다. 유엔미래보고서는 현재의 저출산·고령화 추세가 유지된다고 볼 때 2050년 한국 사회에서 다문화가족 비중은 전체 인구의 21%에 이를 것으로 예상한 바 있다. 이런 변화의 대응 방안으로 교육과정평가원과

시도교육청이 다양한 정책과 프로그램을 제안하고 있다. 특히 외국어 교육은 이질성, 다양성, 상대성, 정체성과 같은 현대 사회가 중시하는 요소를 가르치는 데 교육적 목표를 두고 다른 국가, 사고방식, 가치를 경험하게 함으로써 개방적인 태도와 가치를 갖게 하는 데 주안점을 두고 있다.

《알기 쉬운 교실 상호문화교육》은 역자가 박사학위 논문을 작성하면서 접하게 된 책으로, 교육 현장의 교사들이 직접 저술하였다는 데 큰 의의가 있다. 이 책은 이론을 쉽게 설명하고 그 이론을 뒷받침할 수 있는 실제 학습활동을 소개하고 있으며, 각 장의 첫머리에는 해당 장의 내용과 관련된 속담, 명언이 제시되어 있어 또 다른 재미와 유익한 정보를 얻을 수 있다.

이 책은 크게 3개의 부로 이루어져 있다. 1부는 상호문화와 관련된 이론적 개념을 알기 쉽게 소개하고, 2부는 상호문화적 만남에서 문제가 되는 문화적 내용을 다루며, 3부는 상호문화적 만남의 예로서 학교 교류와 관련된 활동을 소개하고 있다.

제1부는 다시 3개 장으로 나뉜다. 1장에서는 먼저 '문화', '다문화주의', '복수문화주의', '상호문화'라는 용어를 설명한다. 2장에서는 언어교육에서 상호문화가 왜 중요한지를 기술하고 있다. 여기에서는 유럽평의회의 유럽공통참조기준과 관련한 자세한 설명이 곁들여 있다. 3장은 '상호문화적 화자'라는 제목으로 정체성, 상호문화능력, 상호문화적 만남에 관해서 설명하고 있다. 1부에서 제시하는 학습활동은 12가지로서 소개, 설문지, 공통점-차이점, 소속, 정체성, 빙산, 프랑스 문화, 색깔 등 다양한 주제의 상호문화적 활동을 소개하고 있다.

제2부는 '상호문화적 만남을 원활하게 하기'라는 제목으로, 타인과의 만남, 고정관념과 편견, 비언어 의사소통이라는 3개의 장으로 이루어져 있다. 1장 '타인과의 만남'에서는 문화충격, 중심주의, 자기중심 탈피를 설명하고 있다. 2장 '고정관념과 편견'에서는 고정관념, 편견, 고정관념과 편견을 초월하기라는 소제목으로 각각 설명하고 있다. 3장 '비언어 의사소통'에

서는 비언어가 무엇인지, 관련 이론인 동작학과 공간학을 설명하고 있다. 제2부에서는 만남, 편견과 차별, 고정관념, 선입견, 제스처 등 14개 학습활동을 제시하고 있다.

제3부는 '상호문화적 만남을 위한 학교 교류'라는 제목으로 학교 교류와 여행일지, 여행 후의 활동 등을 설명하고 있다. 여기에서는 상호문화적 교류와 관련된 7개의 학습활동을 제시하고 있다.

상호문화교육은 외국어 교육뿐만 아니라 학교에서 가르치는 모든 과목에 적용될 수 있는 포괄적이고 교육적인 선택이다(R. M. Chaves, 2012: 15). 아무쪼록 이 책을 통해서 외국어 교육, 문화 교육과 관련된 교사·교수·연구자·대학원생 등에게 상호문화교육을 널리 알리고, 실제 교육 현장에서 상호문화적 접근을 적용해 볼 수 있는 유용한 지침서가 될 수 있기를 기대해 본다.

2019년 11월

서영지

"어느 날 나는 산속을 걷다가 한 짐승을 보았다.
점점 다가가면서 나는 그것이 사람임을 알게 되었다.
그 사람에게 점점 가까이 가면서
그가 나의 형제임을 알게 되었다."

티베트 속담

차례

2부 상호문화적 만남을 원활하게 하기

3부 상호문화적 만남으로서의 학교 교류

1부 이론적 개념

1장 용어

2장 언어교육에서의 상호문화

3장 상호문화적 화자

"상호문화는 문화 다양성을 분석하는 하나의 방법이다. [...]
이것은 무엇보다 문화적 상호작용에 관한 하나의 절차, 분석, 관점
그리고 질문 방식이다."

뫼니에(O. Meunier)

1장 용어

1. 문화

어원상으로 '문화'라는 용어는 라틴어 *cultura*에서 왔다. 이는 글자 그대로 해석하면 '땅의 경작'을 의미한다. 키케로(Cicéron)는 이 단어를 은유적으로 사용하여 영혼의 경작, 즉 교육을 통한 사고의 형성을 가리켰다. 문화가 무엇인지를 정의하기 위해서는 문화가 가진 다양한 구성요소의 복합성과 풍요로움에 주목해야 한다.

문화의 정의는 종종 예술과 문학의 영역으로 한정되었다. 사회학과 인류학은 문화의 개념에 인간이 환경 또는 주변 사람들과 상호작용하여 얻은 것을 추가했다.

르장드르(R. Legendre)는 《현대교육사전(Dictionnaire actuel de l'éducation)》에서 문화를 "보고, 느끼고, 지각하고, 생각하고, 표현하고, 행동하는 방식의 총체. 한 집단의 구성원들을 구별하고 특정 시대가 가진 단체(단위)를 견고히 하는 삶의 방식, 신념, 지식, 실행, 관습과 습관, 전통, 체제, 규범, 가치, 도덕, 취미, 결정"이라고 정의했다.

사회학과 인류학의 관점은 개인을 사회적 존재로 여긴다. 이때의 개인은 자기 문화의 생산물이라는 단순한 위상에서 벗어나 하나의 행위자가 된다. 압달라 프렛세이(M. Abdallah Pretceille)는 언어와 문화의 관계를 자신과 타인의 연출 장소로 여긴다(1999, p. 17).

사회학에서 문화는 위버(G. R. Weaver, 1986)의 빙산 비유로 표현된다. 문화는 빙산과 같이 보이는 외부(외적 문화)와 보이지 않는 내부(내적 문화)로 구성되어 있다. 외적 문화에는 의견과 행동이 나타난다. 이것은 의식적이고, 명시적으로 가르쳐지고, 바뀌기 쉽다. 그리고 예술, 문학, 의상 등과 같이 객관적 지식의 영역에 속한다. 이런 문화는 그 자체로 분별하기 쉽고 즉각적이다.

반면에 내적 문화는 무의식적 특징, 암시적 학습, 수정하기 어려움, 주관적 지식으로 정의된다. 여기에는 대화의 방식, 신체 언어, 정의의 개념, 아동 교육과 관련된 요소들과 같은 가치, 사고, 개념 등이 속한다. 이 문화는 자발적 방식으로 지각하기가 매우 어렵기 때문에 분명히 구분되지 않는다.

프랑스에서 언어-문화 교육학 영역의 연구는 주로 갈리송(R. Galisson)에 의해 이루어졌다. 그는 고급문화와 공유문화라는 두 가지 유형의 문화를 구분했다. 그에 따르면, 고급문화는 한 개인의 교육, 백과사전적인 지식에 의해 습득한 모든 것을 가리킨다. 여기에는 문학, 지리, 역사, 과학 등이 포함된다. 또한, 갈리송은 이를 매우 종종 밖으로 드러내 보이는, 즉 '볼 수 있는 문화(culture vision)'라고 했다.

공유문화는 하나의 공통 언어를 가진 사회집단이 공유하고 전수하는 지식과 행동을 말한다. 이는 사회생활을 가능케 한다. 이 문화는 수많은 사회적·인류학적 측면을 포함한다. 전통, 관습, 가치, 신앙, 의례, 표상 등이 여기에 속한다. 이것은 행하는 문화(culture-action)로, 실제로 이루어지는 행동의 문화이다. 이 문화는 참조 집단에 의해 보편적이고 부정할 수 없는 것으로 여겨지는 가치의 전수를 포함한다. 예를 들면 인권 존중 같은 것이다. 공유된 언어와 마찬가지로 공유된 문화는 사람들에게 자기가 소속한 집단을 식별하게 한다. 공유문화는 집단 정체성의 형성과 직접 관련된다.

'문명'과 '문화'라는 용어는 종종 동의어처럼 사용되었다. 일반적으로 '문명'이라는 용어는 '야만성'이라는 용어와 대립되는 것으로 여겨졌고, '진보'라는 개념을 도입했다. 오늘날 학계는 영국의 인류학자 타일러(Tylor in Clément, 2000, p. 37)의 정의를 수용한다. "문명은 역사 속에 한 자리를 만드는 문화이다." 그래서 사람들은 이집트 문명, 중국 문명, 인도 문명 등으로 구별하여 부른다.

언어 교육에서 '문명'이라는 용어는 언어 교사들이 그들의 수업에서 가르치는 문화적 차원을 가리켰다. 오늘날 '프랑스 문명'이라는 용어는 '프랑스 문화'라는 용어로 대체되었다(Beacoo, 2000, p. 33). 왜냐하면 '문화'라는 개념은 인류학과 사회학의 성찰에서 내려진 정의들로 더 풍요로워졌기 때문이다. 이때부터 문화라는 개념은 더 이상 학교에서 일부 엘리트들만 받아온 고급문화 또는 백과사전적 문화라는 의미로 한정되지 않았다.

갈리송은 다음과 같이 말한다. "학교 밖에 있는 원어민에 의해 습득된 문화는 학교 안에 있는 외국인에 의해 학습될 수 있다(Galisson, 1991, p. 117)." 한편 외국어 수업은 목표 언어의 고급문화적 요소를 소개해야 한다. 이 요소들은 지리, 역사, 정치와 관련된 것으로 매우 중요하다. 다른 한편, 외국어 수업은 공유문화적인 요소들을 제시해야 한다. 이 구성요소들은 학습자의 문화 능력을 신장시키는 데 도움을 줄 수 있고 학습자는 이 문화 능력을 언어, 목표 문화, 그 문화를 가진 원어민의 복합적인 세계를 이해하는 데 사용할 수 있다.

2. 다문화주의

앵글로색슨 세계에서 다문화주의라는 개념은 이민자의 수용과 관련되어 있다. 이것은 한 사회에서 여러 사회문화적 집단이 나란히 공존하고 함께 사는 것으로 정의된다. 각 집단은 그 자체로 인정되고 구분되며, 행동의 자유를 갖고 있다.

이러한 다문화주의적 방향은 교육정책에 의해 고려되었다. 이 교육적

모델은 문화들 간 평등의 원칙을 전적으로 존중하면서 문화적 차이를 받아들이고 인정한다. 문화유산의 차이는 긍정적으로 이해된다. '소속집단'이라고 불리는 각 집단은 다른 집단과 똑같은 인정과 정당성을 공유한다. 그래서 다문화사회는 차이를 보여주되 실제로는 만나지 않는 구분된 문화적 영역들로 이루어진 모자이크처럼 보일 수 있다. 당연히 다양성은 인정되지만, 민족집단들 간의 상호작용이 서로 간의 풍요로움을 목표로 하는 경우는 거의 없다. 요컨대 다문화는 소속집단으로의 자폐(自閉)라는 특징을 갖는다.

3. 복수문화주의

르네상스시대부터 에라스무스(Erasmus) 같은 예술가와 지식인들은 자신들의 지식을 나누기 위해 유럽 여기저기를 돌아다녔다. 여기에서 오늘날 대학생 교환 프로그램 '에라스무스'라는 이름이 나온 것이다. 하지만 이는 지식인들 간의 만남이었을 뿐이다. 최근에 이루어진 근본적인 변화는 교류의 완전한 대중화, 더 많은 사회 계층의 문화 복수성 향유라 할 수 있다.

복수문화주의라는 개념은 이민 상황에도 적용되었다. 이런 상황에서 소수집단 출신의 개개인은 자신들의 문화적 정체성을 보존하면서 그들을 받아들이는 국가에 소속된 다수집단의 문화적 측면을 획득해야 한다. 다수문화집단의 경우에는 소수집단의 문화적 특징을 수용하지 않을 수도 있다.

현대사회는 사실 '복수문화적'이라는 특징을 갖는다. 왜냐하면 문화적이고 역동적인 경험과 교류는 다양한 사회관계에 영향을 미치기 때문이다. 이것은 특히 이민이나 교육과 관련해서 유럽평의회가 추진한 다양한 정책들 덕분이다. 유럽평의회에 따르면 '복수문화주의'는 적어도 두 문화의 가치, 두 문화의 신념, 두 문화의 실행을 의미한다. 이를 위해서는 이러한 문화들 속에서 상호작용 능력을 획득해야 한다. '복수문화적'이라는 것은 적어도 두 개의 문화 내에서 상호작용하고 의사소통을 하기 위해 지식, 언어 문화적·행동적 기술, 태도를 획득하는 것을 의미한다. 이러한 관점에서 복수문화성은 여러 문화에 소속하고 참여하는 능력이다.

2001년에 출간된 《유럽공통참조기준(CECR)》의 저자들은 여러 목표를 내세웠다. 즉 지리적 이동을 쉽게 하고, 다중언어주의를 보호하며, 끝으로 민주주의를 장려하도록 하기 위해 유럽의 모든 시민에게 다중언어 능력과 다중문화 능력을 획득하게 한다.

《유럽공통참조기준》은 복수언어 능력과 복수문화 능력을 다음과 같이 정의한다.

> "다양한 수준의 다수의 언어 능력과 다양한 문화 경험을 가진 한 사회적 행위자가 언어적으로 의사소통하고 문화적으로 상호작용할 수 있는 능력. 이것은 분리된 능력의 결합이나 나열이 아니라 사용자가 참조할 수 있는 복합적 또는 혼합적 능력이라고 여길 수 있다."(유럽평의회, 2001: 129)

한 사회적 행위자는 여러 언어와 문화를 다양한 수준으로 숙달할 수 있고, 또 숙달해야 한다. 언어적 능력과 문화적 능력의 목록은 언어에 따라 다를 수 있다. 따라서 여전히 많은 교수자와 학습자가 학습의 최종목표로 중시하고 있는 원어민 화자의 모형은 부차적이다. 여기서 추구하는 목표 능력은 부분적이고 불완전한 측면을 가지지만, 한 사회적 행위자가 가진 언어 목록 전체를 포괄한다.

4. 상호문화

상호문화는 상이한 문화들 간 교류의 역동적인 과정이다. 이 용어는 최근에 생긴 개념이다. 하지만 한 사회 내의 객관적 실재로서 간주되는 상호문화성은 오래된 개념이다. 인간은 늘 서로 다른 문화집단 속에 소속되어 살았다. 그러므로 만남과 혼성은 상업, 정복, 식민지라는 매개를 통해 이루어져왔다. '상호문화'라는 용어는 교차된 시선으로 새로운 관점을 제시한다. 문화적 차이가 존재한다면 그것은 더는 위협이 아니라 상호문화적인 풍요로움으로 여겨진다. 상호문화는 교류, 만남, 공유가 있을 때만 존재한다. 상호문화는 교육의 내용이 아니라 문화들 간에 다리, 연결을 겨냥하는 하나의 과정이다. 따라서 이 접근 방식은 이질성과의 관계 속에서 끊임없이 정체성을 만들어가는 과정이다. 한편으로는 관점의 다양성을 받아들이고, 다른 관점을 접하며, 다른 생활방식을 이해한다. 다른 한편으로는 자기 자신이 단 하나의 문화에 소속되어 만들어진 존재가 아님을 이해한다.

요약하기

- ▶ 복수문화적 공유와 만남이 없는 상태에서 단순히 공존하는 문화들의 모자이크를 의미하는 다문화주의와 달리, 상호문화는 문화적 정체성의 수용과 이해의 과정이고 역동성이다.

- ▶ '상호문화적'이라는 것은 다른 문화집단과의 구별이나 단순한 비교를 뛰어넘어 상호 간의 풍요로움과 교류의 목적을 위해 문화들 간의 가교를 만드는 것이다.

2장 언어교육에서의 상호문화

"언어수업은 학습자가 현실에 대한 다른 지각과 분류, 다른 가치, 다른 생활방식을 발견하는 가장 중요한 순간이다. 요약하자면, 외국어를 배운다는 것은 새로운 문화와 접촉을 시작함을 의미한다."

드니(M. Denis)

1. 상호문화적 접근을 향하여

상호문화 접근방식은 1970년대에 이민자 자녀의 학교 교육과 관련된 유럽의 이주 상황에서 나타나기 시작했다. 이 학생들을 학교 제도 내에 통합시키는 것이 상호문화적 접근방식의 목표였다. 이들이 '본국으로 돌아가는 경우'를 대비하여 출신 언어문화와 단절하지 않기 위해 출신언어문화교육(enseignement de langue et de culture d'origine, ELCO)을 실행했다.

유럽평의회는 1970~1980년대 교육과 이주의 문제와 관련해 문화적 다양성을 장애가 아니라 풍요로움으로 인정하는 정치적 조치를 촉구했다. 이렇게 되면서 상호문화는 이민이라는 전유적 영역에서 조금씩 벗어나게 되었다. 이 주제에 관한 많은 연구는 상호문화적 교수법이 모든 학습자에게, 그리고 모든 과목에 적용되어야 하는 포괄적이고 다영역적인 교육적 선택이라는 사실을 강조했다. 의식적인 교육 방법으로서 상호문화의 목표는 학습자에게 문화에 대한 단일 시각에서 벗어나 복수성을 받아들이게 하는 데 있다.

언어교육에서 언어와 문화는 분리될 수 없다. 1970~1980년대에 의사소통접근법은 언어를 사회적 실행으로 여겼다. 갈리송에 따르면, "언어는 모든 문화의 매개, 산물, 생산자"라고 한다. 따라서 암시적인 문화적 내용이 단어의 첫 번째 의미에 포함되는 '공유문화량'을 가진 단어들이 존재한다(R. Galisson, 1991).

여기서 우리는 두 가지를 구분할 수 있다. 하나는 지시대상의 문화적 영향력이고, 다른 하나는 같은 단어라도 문화적 소속에 따라 달라지는 의미이다.

실례로, '국화'는 프랑스와 일본에서 상징적인 꽃이다. 프랑스에서 국화는 만성절(Toussaint, 11월 1일)과 관련이 있고, 프랑스인은 고인에 대한 존경과 회상의 의미로 묘지의 무덤에 국화를 놓아둔다. 반대로, 일본에서 국화는 웃음과 기쁨의 상징이다. 국화 장식은 가장 큰 영광을 나타낸다. 이 단어의 습득은 지시대상에 대한 문화적 정보와 분리될 수 없다. '꽃'이라는 단어의 설명만으로는 부족하다.

'민주주의', '정의', '조국', '노동', '사랑', '우정', '가족' 같은 단어는 언어적 측면에서 다른 언어로 바로 번역이 가능하다. 하지만 이 단어들은 문화를 내포하고 있다. 단어는 같지만, 문화적 소속에 따라 의미는 달라진다.

의사소통접근법은 언어 습득 자체를 상당히 변화시켰다. 그 목표는 분명한 목적을 가지고 목표어로 적절하게 의사소통하는 것을 배우는 데 있다. 의사소통접근법은 학습자와 그의 언어적 요구를 가장 중시한다. 의사소통 능력의 학습은 언어적 차원을 넘어 다음과 같은 요소들을 포함한다.

- 화용론적 구성요소: 상호작용의 규칙에 대한 지식, 담화 유형에 대한 지식을 필요로 하는 의사소통 상황에 따른 언어 사용
- 지시적 구성요소: 세상의 경험, 정보들의 관계와 관련한 정보 지식
- 사회문화적 구성요소: 한 사회에서의 사회적 규칙, 상호작용, 문화적 역사의 지식
- 전략적 구성요소: 언어적 또는 비언어적 전략을 통해 의사소통을 이어가거나 만들어내는 능력. 이것은 다른 구성요소들 간의 장애를 보완해주는 '보조 타이어' 같은 종류를 말한다.

의사소통 관점에서 타인과의 의사소통 교수-학습은 화자의 요구와 목표를 충족시키는 성공적인 의사소통을 추구한다. (문법, 어휘, 발음 같은) 단지 언어적 차원에만 중점을 두는 교육은 더 이상 충분하지 않다.

1997년 바이람(M. Byram)은 의사소통 능력의 다른 구성요소를 수반하고, 특별한 지식, 태도, 능력을 요구하는 상호문화적 의사소통 능력(compétence de communication interculturelle)을 제안한다. 사실 상호문화를 지향하는 이러한 의사소통 능력은 타인을 문화적으로 평등한 정체성을 가진 상대로 여기는 태도와 행동을 포함한다.

2. 유럽평의회와 유럽공통참조기준 (Le Conseil de l'Europe et le Cadre européen commun de référence, CECR)

유럽평의회는 언어와 문화의 존중, 민주주의에 기초한 유럽 건설이라는 목표를 내세우고, 다언어적이고 다문화적인 하나의 유럽에서 관용과 상호 이해를 지향하는 교육적·언어학적 정책을 규정하고 있다. 이 정책은 여러 개의 언어 습득을 원칙으로 하고, 하나의 언어-문화가 유일하고 지배적이라

는 링구아프랑카(lingua franca)의 습득을 거부한다.

2001년 《유럽공통참조기준》은 기본적으로 언어교육에 초점을 맞추어 출간되었다. 이후 이 자료는 유럽에서의 언어 학습과 평가 방법 전반에 걸쳐 영향을 주고 있으며, 유럽 밖에도 영향을 미치고 있다. 《유럽공통참조기준》은 의사소통을 하나의 행위로 규정하고 있다. 여기서 화자는 사회적 행위자로 여겨지는데, 말하기, 쓰기, 듣기는 행위를 하는 것이다. 행위중심적 관점은 바로 이런 맥락에서 생겨났다. 퓌렌(C. Puren)에 따르면, 교실은 '온전한 실제 사회'(Puren in Rosen & Reingardt, 2010: 23)이다. 학습자는 행위중심적 관점에서 언어적 과업을 수행하는데, 이 과업은 여러 가지 능력을 필요로 하고 생산, 수용, 상호작용, 중재 활동을 수행하게 한다.

《유럽공통참조기준》은 두 가지 능력을 구분한다.

- 언어학적 구성요소, 화용론적 구성요소, 사회언어학적 구성요소로 이루어진 언어적 의사소통 능력
- 지식, 기술, 태도, 학습력을 포함하는 개인의 일반적 능력

상호문화적 접근방식은 학습자의 바람직한 개인적 발전에 긴밀하게 기여하는 것으로, 이 자료의 첫 장에서부터 언급되고 있다.

> "상호문화적 접근방식에서, 외국어 교육의 가장 주된 목적은 학습자에게 다른 언어와 문화의 이질성을 풍부하게 경험하게 하여 긍정적인 인성과 정체성을 형성하게 하는 것이다."(Conseil de l'Europe, op. cit., p. 9)

상호문화적 인식은 다음과 같이 정의된다.

> "관계('자신의 출신 세계'와 '목표어 공동체 세계' 사이의 유사점과

뚜렷한 차이점)에 대한 지식, 인식 그리고 이해는 상호문화적 인식의 출발점이다. 상호문화적 인식은 두 세계의 지역적·사회적 다양성의 인식을 포함한다는 것을 강조해야 한다. 상호문화적 인식은 학습자의 (모국어인) L1과 (제2언어인) L2가 보여주는 문화 외에도 다른 많은 문화가 존재한다는 것을 깨달음으로써 더욱 풍요로워진다. 이러한 더 넓은 시야는 두 문화를 맥락 속에서 이해하는 데 도움을 준다."(ibid., p. 83)

이런 인식이 구체적으로 무엇을 의미하는지는 다음과 같이 기술된다.

"상호문화적 능력과 기술은 다음을 포함한다.

- 자신의 문화와 외국 문화 간의 관계를 설정할 수 있는 능력
- 타문화 사람들과의 만남을 만들기 위해 다양한 전략을 사용하고 인식하는 능력
- 문화 간 오해나 갈등의 상황을 효과적으로 관리하기 위해 자문화와 타문화 간의 문화적 중재자 역할을 할 수 있는 능력
- 피상적 고정관념을 극복할 수 있는 능력"(ibid., p. 84)

《유럽공통참조기준》의 저자들은 태도 항목에서 의사소통 활동이 개인적 요인, 특히 학습자의 태도에 의해 영향을 받을 수 있다고 밝혔다. 다음 목록이 여기에 속한다.

"- 새로운 경험, 다른 사람들, 다른 생각, 다른 민족, 다른 문화에 대한 열린 태도와 흥미
- 자신의 관점과 자신의 문화적 가치 체제를 상대화하려는 의지
- 문화적 차이들에 대한 관례적 태도로부터 거리를 둘 수 있는 의지와 능력"(ibid., p. 84)

이 다양한 형태의 접근방식과 타인에 대한 개방적 태도의 신장은 언어 학습의 초기부터 가능하고 훈련될 수 있다. 또한 이 학습은 다영역적이다. 즉 학교에서 가르치는 모든 과목과 관련되며, 학교 교육에서 졸업하는 동시에 끝나는 것이 아니다. 반대로 이것은 평생 이루어져야 한다.

3장 상호문화적 화자

"자신에 대한 정의는 다른 사람과의 만남에서 이루어진다."

자라트(G. Zarate)

1. 정체성: 단수인가, 복수인가?

"자신이 되기 위해서는 이질적인 것을 향해 자신을 투사하고,
이질적인 것 안에서 이질적인 것을 통해 계속 이어져야 한다.
자신의 정체성 속에 갇혀 있는 것은 자신을 잃어버리고
존재하기를 멈추는 것이다. 사람들은 타인과의 접촉, 교류,
거래를 통해 자신을 알고 자신을 만들어간다.
인간은 자신과 타인 사이에서 하나의 다리이다."

베르낭(J-P. Vernant)

라틴 어원으로 거슬러 올라가면, '정체성'이라는 용어는 (똑같은 것이라는 의미의 *idem*에서 파생한) *identitas*에서 나온 것이다. 그래서 이것은 대개 동일하고 영속적인 것과 잘못 연결된다. 정체성은 다중적이고, 다차원적이며, 변화한다. 프랑스-레바논 작가인 말루프(A. Maalouf)는 정체성을 다음과 같이 정의한다. "나의 정체성은 나를 다른 어떤 사람과도 같지 않게 만드는 것이다." 정체성은 개인적·문화적·직업적·사회적일 수 있다.

뮈치엘리(A. Mucchielli)는 정체성의 지시대상을 다섯 가지 유형으로 구분한다.

- 생태학적 지시대상(환경의 특징과 영향)
- 물질적·신체적 지시대상(물질적인 소유물과 신체적 외관)
- 역사적 지시대상(출신, 과거의 특별한 사건)
- 문화적 지시대상(소속 체계와 인지 체계와 관련된 것)
- 심리사회적 지시대상(사회적 참조기준과 관련된 것, 고정관념, 문화적 소속, 외적 기호와 상징 같은 정체성의 이미지와 관련된 것) (Mucchielli, 1999, pp. 12-24)

따라서 개인은 자신의 정체성을 정의하기 위해 이 정체성의 지시대상 중 일부를 선별한다. 게다가 개인은 전체 정보를 늘 사용하지는 않는다.

두 가지 차원이 정체성 형성에 개입한다. 하나는 자기 자신과의 차원이고, 다른 하나는 타인과의 관계 차원이다. 바로 이 타인 덕분에 개인은 구분되는 정체성을 형성하게 되는데, 이 정체성은 더 이상 '하나'가 아니라 여러 개이고, 타인과의 관계 덕분에 늘 (재)생성된다.

2. 여러 가지 능력

《유럽공통참조기준》에 따르면, 언어를 배우는 것은 의사소통 능력과 일반 능력을 획득하는 것이다. 이 능력들은 상호문화적 관점으로 한정될 수 있다.

네 가지 형태의 지식(savoirs)이 상호문화 능력과 관련되어 있다.

- 지식(savoirs): 교차된 관점에서 나오는 지식 습득. 즉, 개인이 타인의 관점에서 어떻게 보이는가와 관련이 있다.
- 태도(savoir-être): 개발해야 할 태도. 즉 자신의 문화적 참조기준의 체계를 상대화하고, 이타성에 스스로를 개방하고, 자기중심에서 탈피하는 것을 말한다.
- 기술(savoir-faire): 문화들 간의 접촉과 관계를 만들 수 있는 능력. 문화적 중재자의 역할을 수행하고, 문화적 오해를 관리하고, 자신의 문화에 대한 반성적 성찰을 할 수 있음을 말한다.
- 학습력(savoir-apprendre): 새로운 경험과 새로운 행동, 가치, 신념을 발견하기 위해 이전의 모든 지식 동원하기. 즉, '타인을 발견할 준비가 되어 있음'을 말한다.

언어수업에 상호문화적 차원을 도입하면, 학습자와 화자는 정보를 교환할 수 있는 동시에 다른 언어-문화의 화자들과 상호작용을 할 수 있어야 한다. 넓은 의미에서 이 방법은 동일한 교실 내에 존재하는 문화적 정체성의 다양성을 지각하고 인식하도록 해준다.

3. 상호문화적 만남

'내'가 '타인'을 만나면 무슨 일이 생기는가. 도식적으로 나타내면 다음과 같은 세 단계를 거친다.

- 첫 번째 단계에서, 우리는 낯설고 이상한 행동을 하는 사람으로 여겨지는 타인에게 우리의 문화적 참조기준을 무의식적으로 적용한다. 이런 접근은 종종 경계와 두려움을 야기한다.
- 두 번째 단계에서, 타인은 우리와는 다른 그들 고유의 규범을 가진 한 개인으로 여겨진다. 그래서 차이는 인정되지만 자신의 문화적 지시대상에 대해서는 그 어떤 반성도 이루어지지 않는다.
- 세 번째 단계에서, 타인의 문화 체계의 상대성은 자신의 문화에 대한 반성적 성찰을 동반한다. 그 결과, 개인적인 문화적 참조기준 체계는 더 이상 유일하거나 우월한 모형으로 여겨지지 않는다.

상호문화적 만남에서, 화자는 여러 문화가 공존하고 서로 뒤섞이는 한 공간 내에서 발전한다. 상호문화적 화자는 자신의 정체성을 인식하는 동시에 상대방의 정체성도 인식하게 된다. 상호문화적 화자는 관점의 상호성을 받아들일 수 있게 된다. 이런 의미에서 상호문화적 화자는 문화적 다양성 속에서, 그리고 문화적 다양성 속에서 함께 살 수 있다.

학습활동 1

A1 이상
45분

소개

목표

- 한 집단 내에서 교제하기
- 단순한 정체성 활동을 넘어서서 자신에 대해 깨닫기
- 개인의 정체성에 대한 복합성을 명확히 하기

1단계

- 학습자는 자신과 관련된 개인정보를 제공하면서 자신을 소개합니다.
- 지시사항: 다음 구조를 이용하여 소개해보세요.
  - "나는 …을 가지고 있다" 또는 "나는 …을 가지고 있지 않다"로 시작하는 문장
  - "나는 …을 좋아한다" 또는 "나는 …을 좋아하지 않는다"로 시작하는 문장
  - "나는 ...이다" 또는 "나는 ...이(가) 아니다"로 시작하는 문장
- 학습자들에게 몇 분의 시간을 주면서 자신을 소개할 수 있도록 준비시키세요. 학습자는 돌아가면서 자신의 정보를 제공합니다. 모두가 자신을 소개하고 나면, 다 같이 모여서 한 학습자가 자신을 소개하고 그다음에 소개할 학습자를 지명하게 합니다.

2단계

- 학습자는 자신과 관련된 새로운 개인정보를 제공하면서 자신을 소개해봅니다. 자신의 소개를 5개의 감각으로 연결해봅니다.

■ 지시사항: 다음을 완성해보세요(5분간).

- 내가 느끼고 싶어 하는 것은 ____________________입니다.
- 내가 보고 싶어 하는 것은 ____________________입니다.
- 내가 듣고 싶어 하는 것은 ____________________입니다.
- 내가 맛보고 싶어 하는 것은 ____________________입니다.
- 내가 만지고 싶어 하는 것은 ____________________입니다.

■ 〔종합하기〕 학습자는 텍스트를 읽으면서 자신을 소개합니다.

더 알아보기

■ 〔B1 수준 이상〕 학습자는 자신의 개인적 환경과 관련된 추억을 이야기합니다.

■ 지시사항: 다음 주제 중 하나를 골라 당신의 추억을 이야기해보세요.

- 내가 처음 여기에 도착했을 때, 나는 … 생각했다.
- 할아버지, 할머니, 아버지, 어머니, 가장 친한 친구와의 가장 좋은 추억…
- 우리 동네에서, 내가 존경하는 한 사람이 있었는데…
- 내 동생이 태어난 날…

■ 〔종합하기〕 참가자들은 이야기를 나눠봅니다.

☞ 주의사항: 만약 학생 수가 너무 많다면, 작은 종이에 참가자의 이름을 적게 하고, 그중에서 8~10명을 무작위로 골라 그들의 추억을 소개해보게 합니다.

■ 〔응용〕 글로 써보라고 제안해보세요.

이 주제는 모둠 수업에서 블로그 제작 주제로도 활용될 수 있습니다.

학습활동 2

A2 이상

45분

설문조사

목표

- 문화 개념에 익숙해지기
- 교실에 있는 다른 친구들의 관심과 호기심 유발하기
- 한 집단 내의 문화다양성 인식하기
- 국가들 간의 상호의존 인식하기
- 관찰한 것에 대한 결과 재현해보기

1단계

- 지시사항: 여러분이 갖고 있는 옷의 목록을 작성해보세요.
- 〔종합하기〕 참가자들에게 돌아가며 의견을 물어보세요. 각 학습자들은 한 가지 옷을 예로 듭니다. (예: "나는 파란 셔츠를 입는다", "나는 운동화를 신는다" 등)
- 지시사항: 여러분이 입은 옷이 어디서 만들어졌는지 확인해보세요.
- 〔종합하기〕 각 학습자는 또 다른 옷을 예로 듭니다. (예: "내 신발은 베트남에서 만들어졌어", "내 스웨터는 중국에서 만들어졌어" 등)
- 지시사항: 여러분의 나라에 있는 외국 요리 목록을 만들어보세요. 이들의 유래는 어느 나라인가요?
- 〔종합하기〕 각 참가자들은 자신이 태어난 나라의 특별한 요리를 소개합니다.
- 언급된 국가명을 표로 만들어보세요.
- 〔B1 수준 이상〕 다음과 같은 질문을 해봅시다. 여러분은 이 관찰에서 어떤 결론을 이끌어냈나요? 왜 대부분의 상품들은 상이한 나라에

서 왔을까요?

2단계

■ 5명씩 소그룹으로 조사해봅니다. 5~10분 동안 공동 작업 시간을 주세요.

■ 지시사항: 그룹별로 다음의 설문조사를 해봅니다(5문항).

- 누가 자기 아버지와 국적이 다른가요? 만약 그렇다면, 국적은 어디인가요?
- 누가 자기 어머니와 국적이 다른가요? 만약 그렇다면, 국적은 어디인가요?
- 가족 중 누군가가 다른 나라에 사는 사람이 있나요? 만약 그렇다면, 어디에 살고 있나요?
- 이 집단에서 사용되거나 이해되는 언어는 무엇인가요?
- 다른 국가를 여행한 사람이 있나요? 만약 그렇다면, 어디인가요?

■ 〔종합하기〕 각 학습자들은 이름을 밝히지 않고 질문의 결과를 발표합니다. (예: "두 사람은 국적이 다른 아버지가 있다. 한 아버지는 중국인이고, 다른 아버지는 멕시코인이다" 등)

더 알아보기

■ 수업에서 소개된 국적, 사용된 언어 또는 이해하는 언어와 방문한 국가의 목록을 다 같이 만들어보세요. 참가자들은 다음과 같은 형태로 텍스트를 완성해야 합니다.

■ 지시사항: 다음 텍스트를 완성해보세요.

우리 학급에서 소개된 국가로는 ______________________ 가 있다.

우리 학급에서 친구들은 다음 언어를 말하고 이해할 수 있다.

- ____
- ____
- ____

우리 학급에서 친구들은 이미 다음 국가에 다녀왔다.

- ____
- ____
- ____

■ 각 참가자들은 작성한 텍스트의 복사본을 받습니다.

학습활동 3

A2 이상
45분

공통점 - 차이점

목표

■ 자기 자신을 알고, '나'에서 '우리'로 넘어갈 줄 알기
■ 자신의 취향과 습관을 타인의 취향 및 습관과 비교하기
■ 자신의 문화에 대한 특징을 인식하기

1단계

■ 지시사항: 2명씩 짝을 지어 6분 동안 서로의 공통점 12가지를 찾아보세요. (예:"우리는 두 소년/인간이다" 또는 "우리는 프랑스어를 배운다" 등)
■ 〔종합하기〕 조별(2명)로 차례차례 돌아가면서 발표해봅니다.
☞ 주의사항: 조별 언어 수준에 따라 찾아야 할 공통점의 수를 늘리거나 줄여보세요. 이것은 다음의 언어활동을 학습하기 위한 좋은 연습이 될 수 있습니다.
- 누군가에게 정보 전달하기
- 자신, 자신의 취향, 자신의 환경에 대해 말하기

2단계

■ 지시사항: 3명이 조를 이루어 다음 항목들에 대한 공통점과 차이점을 찾아보세요.

일상생활	사용 언어
취미	종교
좋아하거나 싫어하는 음식	전통 가족

■ 〔종합하기〕 각 조는 교실의 나머지 학생들에게 조사 결과를 보여줍니다. 각 참가자는 논의된 2개 항목의 결과를 보여줍니다.

더 알아보기

■ 지시사항: 여러분이 다른 친구들에 대해 알게 된 새로운 정보는 무엇인가요? (예: "피터는 음악가이다" 등)

■ 〔B1 수준 이상〕 조별로 다음 질문에 대해 자유롭게 논의해보세요.

- 여러분과 다른 구성원 간의 공통점에서 이해하지 못한 부분이 있나요? 있다면 무엇인가요?
- 당신은 공통점과 차이점 중에서 무엇을 더 중요하게 여기나요? 왜 그런가요?

학습활동 4

A2 이상
45분~1시간 30분

소속

목표

- 여러 식별 집단에 소속되어 있음을 인식하기
- 소속 집단과 그 집단의 규칙 성찰하기
- 복수적 정체성 인식하기
- 분석한 결과 발표하기

1단계

- 지시사항: 다음 질문에 답하세요.
  - 여러분은 언제부터 프랑스어를 배웠나요?
  - 여러분은 언제부터 이 집단에 있었나요?
  - 여러분은 주당 몇 시간 프랑스어 공부를 하나요?
  - 수업시간은 언제인가요?
- 〔종합하기〕 각 참가자들은 답해봅니다.
- 지시사항: 2명씩 짝을 지어 다음 질문에 답하세요.
  - 수업에서 주된 활동을 무엇인가요?
  - 수업에서 의무는 무엇인가요? (예: 새로운 단어 외우기)
  - 수업에서 금지된 것은 무엇인가요? (예: 흡연)
- 각 조(2명)는 차례대로 말하면서 종합해봅니다.

2단계

- 지시사항: 누구나 각각 다양한 소속집단을 갖고 있습니다 (예: 프랑스어를 배우는 집단) 2명씩 짝을 지어 개인이 속한 소속집단과 관련

된 가능한 한 완벽한 목록을 만들어보세요. (예: 국가, 가족, 축구 동호회 등)

■ 참가자 모두 발표해보세요. (예: "나는 가족의 일원이다", "나는 합창단의 일원이다" 등)

더 알아보기

■ 〔A2 수준〕 지시사항: 여러분의 소속집단 중 하나를 고르고, 그 집단의 규칙과 활동을 5줄로 써보세요. (예: "이 모임은 화요일마다 만난다" 등)

■ 〔B1 수준 이상〕 지시사항: 여러분의 소속집단 중 하나를 고르고, 그 집단의 활동을 써보세요. 다음 질문에 답해보세요.
- 여러분은 언제부터 이 집단의 구성원이었나요?
- 어떻게 이 집단의 구성원이 될 수 있었나요?
- 사람들이 지켜야 할 규칙은 무엇인가요?
- 사람들은 이 집단에서 제명될 수 있나요? 그렇다면 어떤 이유인가요?
- 여러분은 이 집단에서 기분이 좋은가요? 아니면 나쁜가요? 그 이유를 설명해주세요.

■ 다 같이 말하기: 몇몇 자발적인 참가자는 자신의 소속집단을 소개해봅니다. 교사는 해당 집단의 상황과 관련된 상세한 내용을 물어봅니다. (예: "몇 명이 속해 있나요?", "결정은 어떻게 하나요?" 등) 다음으로 교사는 다른 참가자에게 질문이 있는지 물어봅니다. 교사는 쓰기활동을 수정할 수 있습니다.

☞ 주의사항: 참가자의 사생활을 존중하고, 만약 말하기를 원치 않는다면 개인적인 정보에 대해 억지로 물어보지 않습니다.

응용하기

[응용 1]

■ 영화의 일부나 스포츠 팀이 나오는 기사 제안해보고, 참가자들에게 다음 질문에 답하도록 요청해봅니다.

- 어떻게 이 그룹에 들어올 수 있었나요?
- 필요한 자격요건은 무엇인가요?
- 이 그룹에서 일상생활은 어떤가요?
- 지켜야 할 규칙은 무엇인가요?
- 지금 우리는 시합을 하고 있습니다. 상대방과의 규칙은 무엇인가요?
- 어떤 상황에서 한 구성원이 그룹으로부터 배제될 수 있나요?

[응용 2]

■ 지시사항: 2명씩 짝을 지어 인터넷상에서 단체 또는 클럽을 찾아보세요. (예: 로터리클럽, 게임 동호회 등) 이 그룹의 활동과 그 규칙에 대한 정보를 찾고, 그것을 학급 친구들에게 5분간 소개해보세요.

학습활동 5

A2 이상

45분

정체성

목표

- 정체성의 개념에 대해 생각해보기
- 한 정체성의 다양한 구성요소 인식하기
- 정체성과 타자성과의 관계 인식하기
- 사생활의 문화적 한계 인식하기

1단계

- 지시사항: 2명씩 짝을 지어 신분증에서 찾은 정보를 나열하세요.
- 〔종합하기〕 각 조는 완성된 목록을 만들 때까지 여권에 제시된 정보를 조별로 번갈아가며 발표합니다.
- 지시사항: 2명씩 짝을 지어 신분증에는 나타나지 않지만 그 사람과 관련된 중요한 정보를 목록으로 작성해보세요.
- 〔종합하기〕 조별로 의견을 제시한 후 자유롭게 토론해보세요.
- 〔B1 수준〕 지시사항: 2명씩 짝을 지어 앞서 했던 연습활동을 떠올리면서 정체성의 정의를 내려보세요.
- 〔종합하기〕 조별로 자신의 정의를 읽은 후 전체적으로 자유롭게 토론을 진행하세요.

2단계

- 지시사항: 4명씩 조를 이루어 여러분의 정체성과 관련된 것, 소셜 네트워크의 프로필 페이지(page-profil)에 나타낼 수 있는 것을 나열해보세요. 이런 유형의 페이지에 필요한 정보는 무엇인가요? 필요 없

는 정보는 무엇인가요?
공공생활 영역, 사생활 영역에 속하는 정보는 무엇인가요? 인터넷상에 개인정보를 올리는 것에 대해 어떻게 생각하세요?

- 〔종합하기〕 첫 번째 조는 그 결과를 발표해봅니다. 다른 조들은 자료를 보충합니다.
- 지시사항: 개별적으로 닉네임을 선택하고 소셜 네트워크의 프로필 페이지에 입력해야 하는 정보로 실제 또는 가상의 프로필을 만들어 보세요. 당신이 원한다면 웹사이트에 그것을 올리세요. 개인 자료를 공공 자료와 분리하세요.

더 알아보기

- 지시사항: 사람들은 몇몇 질문에는 늘 답하기를 원치 않습니다. 소그룹을 만들어 여러분이 답하기를 원치 않는 질문 8개를 찾아보세요.
- 〔종합하기〕 각 참가자들은 한 개의 질문을 해봅니다.
- 〔함께 해보기〕 금기시되는 질문의 특징은 무엇인가요? 이들의 공통점이 있나요? 이런 질문들은 여러 문화에 똑같이 적용될 수 있나요?
- 전체적으로 논의해보세요.

➔ 다음 사이트(www.canalacademie.com)의 사회란에 있는 '배우기' 항목에서 정체성과 관련된 자료를 참고하세요. 카우프만(J-Cl. Kaufmann)의 '정체성은 무엇인가?'라는 이 자료는 여러 가지 생각해볼 것을 제공합니다.

학습활동 6

A2 이상

45분~1시간 30분

우리는 모두 같은 태양 아래 있다

목표

- 한 집단 내에서 차이점이나 공통점 인식하기
- 한 집단 내에서 구성원 각각의 개성 인식하기
- 차이를 긍정적으로 이해하기

자료

- 그레고아르(Grégoire)의 샹송 〈Soleil〉, 프랑시스 카브렐(Francis Cabrel)의 〈Des hommes pareils〉 영상 (www.youtube.com에서 시청 가능)

1단계

- 지시사항: 4명씩 한 조가 되어 이야기해보세요. 교실에서 이들 집단의 공통점은 무엇인가요? 차이점은 무엇인가요? (예: "우리는 모두 같은 태양 아래 있다", "우리는 모두 프랑스어를 배운다", "우리는 모두 같은 신발을 신지 않고 있다" 등)
  - 우리는 모두 같은 ...을(를) 갖는다.
  - 우리는 모두 같은 ...을(를) 갖지 않는다.
- 〔종합하기〕 각 참가자들은 한 가지 생각을 제안합니다.
- 〔B1 수준 이상〕 반 전체 논의: 한 집단에 속하려면 그 집단의 사람들과 공통점이 있어야 하나요?

2단계

- 인터넷에서 그레고아르의 〈Soleil〉 노래 가사를 찾아보고, 학생들에게 다음 활동을 제안해보세요.
- 지시사항: (4명씩 한 조) 이 노래에서 우리를 특징짓고, 구별해주는 요소를 찾아보세요.
- 〔종합하기〕 각 조는 돌아가면서 그 노래 속에서 선정한 예를 제안합니다.
- 지시사항: (4명씩 한 조) 작사가의 메시지는 무엇인가요? 이 메시지에 대한 여러분의 의견은 무엇인가요?
- 지시사항: 2명씩 짝을 지어 5분간 그레고아르의 〈Soleil〉 노래에 맞춰 다른 구절을 써보세요. (“우리는 모두 같은 …을(를) 갖는다. 우리는 모두 같은 …을(를) 갖지 않는다.”)
- 〔종합하기〕 각 조원은 자신의 텍스트를 읽어봅니다.

더 알아보기

- 멀티미디어 교실에서 학생들에게 유튜브(www.youtube.com) 사이트에 접속하게 한 후, 검색창에 “Francis Cabrel des hommes pareils”를 입력하라고 해보세요.
- 제안된 동영상 중의 하나를 시청하세요. 이 영상은 프랑시스 카브렐의 노래와 관련된 사진들로 제작되었습니다.
- 지시사항: (2명씩 한 조) 다음 영상에서 보이는 대륙, 국가, 사람들을 확인해보세요.
- 〔종합하기〕 돌아가면서 각자 아이디어를 제시해보세요.
- 지시사항: (2명씩 한 조) 동영상에 소개된 2명을 고르고, 최대한 자세히 그들의 신체 묘사를 해보세요.
- 〔종합하기〕 각 조별로 한 사람을 구두로 소개해보세요.
- 지시사항: (3명씩 한 조) 다음 가사를 주의 깊게 읽어보세요.

- 가사와 이미지 간의 공통점은 무엇인가요?
- 여러분이 생각하기에 노래의 메시지는 무엇인가요?
- 여러분은 이 메시지에 대해 어떻게 생각하세요?

■ 〔종합하기〕 한 조가 노래와 관련된 메시지를 소개하면, 다른 조들은 첫 조가 설명한 내용을 보완해주세요. 그런 다음, 언급된 메시지에 대해 전체적으로 토론해보세요.

학습활동 7

B1 이상

45분

빙산

목표

- 문화의 개념과 익숙해지기
- 문화의 숨겨진 부분과 겉으로 드러난 부분에 대해 인식하기
- 문화에 대해 개인이 가지고 있는 이미지에 대해 다시 생각해보기

1단계

- 지시사항: (3명씩 한 조) 여러분이 문화의 일부라고 생각하는 요소(예: 문학)들을 나열해보세요. 그 요소들을 범주별로 분류해보세요.
- 〔종합하기〕 모든 조는 돌아가면서 하나의 요소를 말해봅니다.

2단계

- 지시사항: 문화는 때때로 빙산에 비유됩니다. 문화의 몇몇 특성은 겉으로 드러나 보이는 반면 다른 특성들은 숨겨져 보이지 않습니다. 이런 사실에 대해 어떻게 생각하세요?
- 소집단으로 나누어 토론하고, 전체가 하나의 조를 이뤄 의견을 공유하고 토론을 해보세요.
- 지시사항: 문화에서 어떤 요소들이 눈에 보이는 부분이고, 어떤 요소들이 보이지 않는 부분일까요? 그 이유를 설명해보세요.
- 소집단으로 나누어 토론하고, 전체적으로 의견을 공유하고 토론해보세요.
- 지시사항: 다음의 특성들을 빙산의 보이는 부분과 보이지 않는 부분에 위치시켜보세요.

예절 규칙 - 역사 – 음식 - 문학 - 가치관 - 믿음 - 행동 - 문화적 코드 - 언어 - 유머 – 시간 개념 - 시간과 거리 개념 - 지리 - 음악 - 제스처 - 예술

■ 〔종합하기〕 각 조별로 결과를 비교하고 각 요소들을 그렇게 배치한 이유에 대해 토론해보세요.

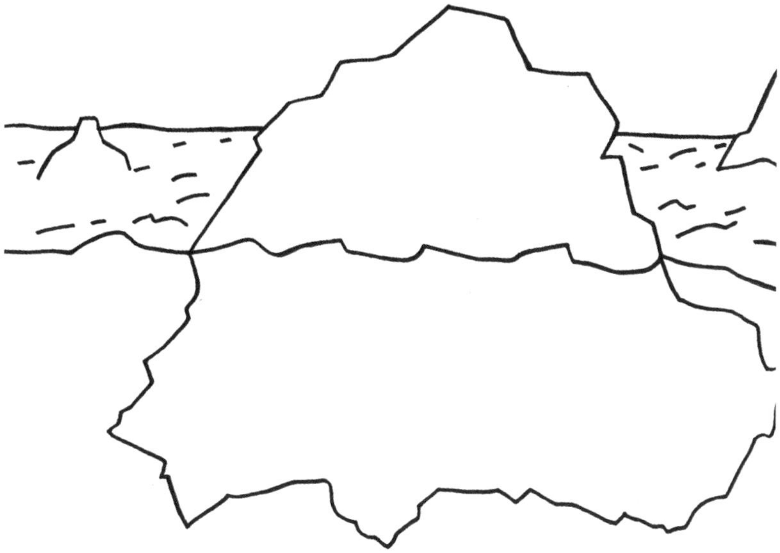

- 여러분이 생각하기에 한 문화를 가장 잘 대표하는 요소는 무엇인가요? 눈에 보이는 요소인지, 눈에 보이지 않는 요소인지, 아니면 둘 다 해당하는지 논리적으로 설명해보세요.
- 어떤 단어들은 빙산의 보이는 부분에 넣고, 어떤 단어들은 보이지 않는 부분에 넣었는지 설명해보세요.
- 여러분은 한 문화의 모든 요소를 열거하는 것이 가능하다고 생각하나요? 왜 그렇게 생각하나요?

➔ 모범 답안은 PUG(www.pug.fr) 사이트에서 찾아볼 수 있습니다.

더 알아보기

- 지시사항: 소집단으로 나누어 문화의 정의를 내려보세요. 여러분이 내린 정의를 사전의 정의와 비교해보세요.
  모국어 사전에서의 문화의 정의와 외국어 사전에서의 문화의 정의를 비교해보세요.
- 〔종합하기〕 각 조별 결과를 발표하고, 다른 조들은 첫 조가 발표한 결과를 평가해보세요.

학습활동 8

B2~C1

45분~1시간 30분

프랑스 문화

목표

- 문화의 여러 차원 확인하기
- 외국 문화와 관련된 지식 습득하기
- 외국 문화를 이해하기 위한 방법들을 제시해보기

자료

아르노 플레르 디디에(Arnaud Fleurent-Didier)의 〈France culture〉 동영상 (www.youtube.com에서 시청 가능)

1단계

- 지시사항: (3명씩 한 조) 프랑스 문화의 특징을 나타내는 요소를 최대한 다양하게 목록으로 만들어보세요.
- 〔종합하기〕 각 조는 차례대로 요소를 제시해보세요.

2단계

- 두 가지 유형의 활동 가능
  - 교육적 활용 또는 멀티미디어센터에서 활용
  - 교사는 교실에서 〈France culture〉 영상 중 아르노 플레르 디디에의 노래를 시청하게 합니다.
  - 교사는 멀티미디어센터에서 학습자들에게 유튜브(www.youtube.com) 사이트의 검색창에서 "France culture"를 검색하게 합니다. 아르노 플레르 디디에의 영상 중 〈France culture〉라는 제목을 선

택하세요.

■ 지시사항: 영상을 시청하고 나서 다음 학습활동을 해보세요.

- 여러분에게 들리고, 동시에 화면에 보이는 단어들을 찾아보세요.
- 그 단어들을 범주별로 나눠보세요. (예: 언어)
- 그 범주들을 아래 표에 나열해보세요.

지적 생활 영역	일상생활 영역

■ 〔종합하기〕 학습자들은 각 단어를 각각 왼쪽 칸과 오른쪽 칸에 배치한 이유들을 설명해보세요.

■ 질문: 몇몇 범주는 지적 생활(la vie intellectuelle) 영역에 속하면서 동시에 일상생활(la vie quotidienne) 영역에 속할 수 있을까요? 만약 그렇다면, 어떠한 것들이 있을까요?

더 알아보기

■ 지시사항: 여러분이 잘 모르는 어느 한 나라의 문화에 대해 알고 싶다고 가정해보세요. 3명씩 한 조를 이룬 다음, 여러분이 물어볼 열 가지 질문을 목록으로 만들어보세요.

■ 〔종합하기〕

- 각 조는 질문 중 3개를 예시로 제시해보세요.
- 교실에는 반드시 여러 문화에 동시에 속하는 친구들이 있습니다.

그 친구들에게 준비된 질문들을 해보세요.

■ 지시사항: 3명씩 한 조를 이룬 다음, 여러분의 출신 국가와 관련된 질문들에 답해보세요.

학습활동 9

B1 이상
45분~1시간 30분

문화 또는 문화들

목표

- 설문조사하기
- 학급에서 소개된 학우들의 다양성에 대해 인식하기
- 학급의 다른 구성원들에 대한 관심 불러일으키기
- 문화다원주의의 개념 이해하기
- 문화다원주의에 관한 설문조사의 결과 분석하기

1단계

- 지시사항: 예를 들어 "한 국가의 모든 사람들이 동일한 문화를 가지고 있을까요?"라는 질문에 답을 해보세요.
  - 학습자들은 처음에 소규모로 조별 활동을 하고, 그다음에는 교실 전체로 토론을 확장시킵니다.

2단계

- 지시사항: 다음 설문지를 활용하여 학우 10명에게 질문하고, 스스로도 설문지에 답해보세요. 그다음에 설문조사의 결과를 공개해보세요.
  - 당신은 여러 가지 다른 문화를 갖고 있다는 느낌이 드나요?

    □ 예 □ 아니오
  - 만약 "예"라고 대답했다면, 다음 중 어떤 문화들을 갖고 있다고 생각하나요? (복수 응답 가능)

□ 출신국의 문화
□ 거주국의 문화
□ 지역문화
□ 종교문화
□ 기타: (어떤 것이 있는지 써보세요) ____________________

- 〔결과 종합하기〕 각 조사자는 응답자의 이름을 밝히지 말고 설문 결과를 발표해보세요.
- 질문: 이 결과들로부터 문화다원주의를 어떻게 정의할 수 있을까요?

더 알아보기

- 지시사항: www.tns-sofres.com 주소로 TNS Sofres(프랑스의 마케팅/여론조사기관) 사이트에 접속하세요. 검색창에 "Les Français et la diversité(프랑스인과 다양성)"를 입력하고, 교실에서 실시했던 설문조사 결과와 여론조사기관에서 프랑스인을 대상으로 한 설문조사 결과를 비교해보세요.
- 지시사항: www.tns-sofres.com 사이트에서 다른 설문조사 주제를 선정하고("les Français"로 검색), 설문조사의 질문에 답해보세요. 대다수의 프랑스인과 비슷하게 답하는 것은 어떤 질문인가요? 프랑스인과 가장 멀게 느껴지는 질문은 무엇인가요?

학습활동 10

B1 이상
45분~1시간 30분

우리는 모든 것에 대해 웃을 수 있는가?

목표

- ■ 한 문화의 숨겨진 측면들 인식하기
- ■ 유머의 문화적 특성 인식하기

1단계

■ 지시사항: 소그룹으로 나누어 다음 목록을 읽고, 관련된 주제에 대해 웃고 농담하는 것이 가능한지 말해보세요.

- 자기 자신
- 신체적/정신적 장애가 있는 사람들
- 종교
- 국가를 대표하는 상징(국기, 국가(國歌), 국가 기관, 국가 원수 등)
- 가족
- 군대 등

당신의 국가에서는 무엇에 대해, 누구에 대해 놀릴 수 없나요?

■ 〔종합하기〕 한 조가 토론 결과를 발표하고, 다른 조들은 첫 번째 조의 발표에 동의하는지 아닌지 말해보세요.

2단계

피에르 데스프로주(Pierre Desproges, 1939~1988)는 프랑스의 코미디언으로, '블랙 코미디' 연기로 알려지고 인정을 받았습니다. 특히 《외국인은 멍청해(Les étrangers sont nuls)》라는 제목의 책을 써서 고정관념을 다루고 인종차별주의를 은밀히 비웃었습니다.

발췌문

영국인

"[…] 영국인의 두 가지 특징은 유머와 잔디다. 유머와 잔디가 없다면, 영국인은 시들며 퇴색한다. […] 영국인은 잔디를 매우 짧게 깎아서 자신들의 유머가 땅바닥 위에 바짝 붙어서 날아다닐 수 있게 한다. 영국식 유머와 프랑스식 유머를 어떻게 구분하는가? 영국식 유머는 세상의 부조리를 절망적으로 쓰라리게 강조한다. 프랑스식 유머는 자신의 장모님을 비웃는다."

스위스인

"스위스인은 중립적이다. 이것은 그들에게 무색소가 보장되며, 딱히 어떤 취급을 받지 않음을 의미한다. 한 가지 예외라면, 그들을 매우 격렬하게 멸시하는 벨기에 사람들에 의해 머저리 취급받는다는 것이다."

중국인

"보통의 중국인을 생각해보자. 쉽다. 보통의 중국인은 매우 작다. 여기서 무엇을 알 수 있는가? 보통의 중국인은 딱 일본인과 같다. 우리는 중국인과 일본인을 절대 구분할 수 없다. 정말이지 완전히 똑같다."

■ 지시사항: 피에르 데스프로주의 글에서와 같이 여러분이 속해 있는 나라 사람들을 해학적이면서도 역설적으로 소개하는 글을 써보세요.

■ 〔종합하기〕 텍스트를 읽어보세요.

☞ 주의사항: 만약 같은 문화권 출신이라면, 여러 명(2명 혹은 3명)이 함께 학습활동을 할 수 있습니다.

더 알아보기

■ 지시사항: 여러분은 피에르 데스프로주의 다음과 같은 말에 대해 어떻게 생각하세요?
"우리는 무엇으로도 다 웃을 수 있지만, 누구하고나 동시에 같이 웃을 수는 없다."

[응용 1]

■ 참가자들은 소규모 그룹으로 나누어 토론하고, 서로의 생각들을 나눠보세요.

[응용 2]

■ 교사는 학생들에게 이 인용문에 대한 소감을 250자 내외의 보고서 형태로 써보게 하세요.
■ 지시사항: 재미있는 이야기를 말해보세요.
2명이 함께 이야기를 준비하여 자신들의 이야기를 들려줍니다.

학습활동 11

B1 이상
45분~1시간 30분

모든 색에 대해

목표

- 색과 관련된 문화적 암시 알아보기
- 관용적 표현을 발견하고 이해하기

1단계

- 지시사항: 3명이 한 조를 이룬 후, 색이 상징하는 상점이나 서비스를 말해보세요. (예: 노랑, 초록, 빨강, 파랑)
  예를 들어, 프랑스에서 노랑은 우체국, 초록은 약국, 빨강은 소방서, 파랑은 전력회사와 관련이 있습니다.
- 〔종합하기〕 그룹별로 색을 소개하고 토론해보세요.

2단계

- 지시사항: 3명이 한 조를 이룬 후, 다음 표현을 읽고 그것이 의미하는 바를 설명해보세요.

Être blanc comme neige	순진하다
Rire jaune	쓴웃음을 짓다
Broyer du noir	비관하다
Avoir du sang bleu	귀족 출신이다
Voir la vie en rose	낙관적으로 보다
Voir rouge	격노하다
Avoir la main verte	식물 관리에 타고났다
Être rouge comme une tomate	얼굴이 홍당무처럼 새빨갛다

La nuit tous les chats sont gris	어둠은 모든 것을 가린다
Passer du blanc au noir	(의견·태도 따위가) 완전히 바뀌다
Aller de la brune à la blonde	이 여자 저 여자를 전전하다
Être marron	속다
Passer à l'orange	주황불에 지나가다
Prendre des couleurs	태닝하다
Être fleur bleue	매우 감상적이다

참가자들의 관점을 교환한 후, 조별로 각 표현의 의미를 발표해봅니다. 아래에 있는 표현들을 칠판에 쓰거나 프로젝터로 띄워보세요.

■ 지시사항: 소규모 그룹으로 나누어 앞에 제시된 표현들과 아래에 있는 정의를 연결해보세요.

Être innocent	Être blanc comme neige
Être doué pour l'entrerien des plantes	Avoir la main verte
Rire de façon forcée	Rire jaune
Être rouge de honte, de timidité	Être rouge comme une tomate
Être déprimé	Broyer du noir
Dans l'obscurité, il est facile de se tromper	La nuit tous les chatssont gris
Être noble	Avoir du sang bleu
Changer d'avis	Passer du blanc au noir
Être heureux	Voir la vie en rose
Changer souvent de partenaire en amour	Aller de la brune à lablonde
Être en colère	Voir rouge

Être dupé — Être marron

Être très sentimental, naïf — Être fleur bleue

Passer de justesse à un feu tricolore / de circulation — Passer à l'orange

Bronzer — Prendre des couleurs

- 〔종합하기〕 참가자들을 소규모 그룹으로 나눈 다음 각 그룹별로 한 가지 표현과 해당하는 의미를 발표해보세요.
  → PUG(www.pug.fr)에서 모범답안을 확인해보세요.
- 지시사항: 표현 하나를 고른 다음, 몸으로 표현하거나 그려서 그 표현을 다른 사람들이 알아맞혀보게 하세요.
- 지시사항: 이러한 표현들이 여러분의 나라에도 존재하나요? 색과 관련된 다른 표현들도 있나요? 그 표현들의 의미가 무엇인가요?

더 알아보기

- 지시사항: 여러분의 국가에서 아래의 행사에 사용되는 색 기호를 소개해보세요.
  - 아들 혹은 딸의 출생
  - 초등학교 첫 등교일
  - 결혼식
  - 정식 야회(夜會)
  - 장례식
- 소규모 그룹으로 토론하고, 토론 결과를 발표해보세요.
  → 다음 사이트(www.canalacademie.com)의 '배우기' 항목으로 가서 정체성에 관한 자료를 참고하세요. '사회란'에는 미셸 파스투로(Michel Pastoureau)의 《Les couleurs et le sport》라는 자료와 다른 학습 자료들도 있습니다.

학습활동 12

A1 이상

45분

머리끝에서 발끝까지

목표

- 자신의 주변 환경을 의식적으로 자각하는 훈련하기
- 서로 호감을 느끼는 관계를 만드는 데 동참하기
- 타인을 바라보는 방식 변화시키기
- 소속 집단에 대해 인식하기

1단계

- 지시사항: (1분간) 조원들의 신체적 특징들과 의상에 대해 최대한 기억해보세요.
  조원 한 명을 고르고, 다른 조원들 눈에 보이지 않게 뒤로 가서 서 있도록 하세요. 다른 조원들에게 선택된 조원의 신체적 특징들과 의상에 대해 최대한 많은 정보를 말해보도록 요청하세요.

2단계

교사는 학습자를 교실 중앙에 다시 모이도록 한 후 교사의 지시사항에 따라 조를 만들도록 요청합니다.

- 지시사항 예시: "신발 색을 기준으로 모여보세요!"
  가능한 기준들: 옷 색, 옷 사이즈, 신발 사이즈, 머리 길이 등. 혹은 시계, 반지, 가방/책가방, 핸드폰, 안경 등과 같은 액세서리들.
  교사는 몸의 아래부터 시작해 위로 가면서 기준들을 나눠봅니다.
- 교사는 수준별로 다음과 같은 질문들을 합니다.
  -〔A1 수준〕 누구와 공통점이 제일 많은가요? 공통점에는 어떠한 것

들이 있나요?
- 〔A2/B1/B2 수준〕 누구와 가장 자주 같은 조에서 만나게 되었나요? 모든 사람과 공통점을 하나둘씩 갖고 있나요?

더 알아보기

■ 〔B1 수준 이상〕 지시사항: 소규모 그룹으로 나누어 출신 국가에서 현재 유행하는 패션의 특징을 몇 문장으로 소개해보세요.
- 신체의 어떠한 부분들이 노출되기에 부적절한가요?
- 반대로 시선을 긍정적으로 끌기 위해 노출하는 신체 부위가 있나요?
- 패션은 모든 사람에게 보편적이고 동일하게 변하고 있나요?

■ 소규모 그룹으로 토론하고, 생각을 종합해보세요.

2부
상호문화적 만남을 원활하게 하기

"사람들은 자기가 길들인 것만 안다."

생텍쥐페리(Antoine de Saint-Exupéry)

"다른 문화들과의 만남, 차이의 수용과 지각조차 노력을 요구한다. 각자는 만남에 대한 인상을 갖고 있고, 타자성에 대해 개인적인 관계를 맺는다. 발견하고자 하는 의지, 호기심, 교류에 대한 신뢰는 저절로 이루어지는 것이 아니다. 이것들은 태도의 변화를 요구한다. 베르분트(G. Verbunt)에 따르면, '진정한 정신운동'이 필요하다."(Gilles Verbunt, 2011, p. 148)

1장 타인과의 만남

**"타인을 발견한다는 것은 장벽에 부딪히는 것이 아니라
새로운 관계를 시작한다는 것이다."**

레비스트로스(Cl. Lévi-Strauss)

1. 문화충격

문화가 다른 화자들이 만나면 일반적으로 그들 간에 지각의 괴리가 존재하고, 극단적인 경우에는 문화충격이 일어난다. 사실 개인들은 하나의 유일한 참조모형으로 여겨지는 참조체계를 갖고 있다. 타인과의 만남은 순조롭지 않다. 거기에는 오해, 심지어 거부도 있을 수 있다. 타인을 이해하고 타인으로부터 이해받는다는 것은 복잡한 일이다. 갈리송은 이 현상을 문화적 '강제이주'라고 부른다(Galisson, 1997, pp. 9-33). 이것은 자성(自省), 긴장과 갈등, 적대감, 분노, 게다가 신체적 차원의 불안 같은 여러 가지 '징후'로 표출될 수 있다.

이질성의 이해는 세 단계로 도식화될 수 있다.

■ 서정적 단계. 이 단계는 '밀월' 단계라 불린다. 여기서 화자는 새로운

세계를 발견한다. 이 세계에서 모든 것은 그에게 아름답고 긍정적으로, 그리고 차이도 즐겁게 여겨진다. 예를 들어, 외국 문화와 첫 접촉을 하는 여가 여행은 긍정적으로 받아들여진다. 왜냐하면 타인에 대해 던져진 시선은 '여행자의 순례' 형태의 시선이기 때문이다. 여기에서 진정한 만남은 없다.

■ 생존의 단계. 이 단계는 문화들 간의 복합적이고 때로는 긴장된 접촉의 단계이다. 이 단계의 특징은 문화적 차이에 대한 재발견인데, 이 차이는 사람들을 놀라게 한다. 규범, 동작, 생활방식 등에 대한 해석이 어려워지고 심한 경우에는 불가능하다. 화자들은 그것을 이해하는 데 어려움을 겪는다. 이것을 흔히 문화충격이라고 부른다. 이 경우, 개인은 참조기준이 거의 없어서 불안감을 느낀다. 그의 출신 문화에 대한 참조기준은 그에게 안정감을 줄 수 있다. 그래서 그는 본능적으로 거기에 의지한다. 이처럼 타인의 문화에 대한 민족중심적 관점은 포괄적 판단을 내리게 하고 다른 것을 받아들이지 못하게 방해한다.

■ 적응의 단계. 화자는 점차적으로 이전에는 이해하거나 받아들이기가 불가능해 보였던 동일한 공간에서 더 편안하고 더 잘 행동하고 더 잘 의사소통하게 된다. 참조기준의 상대화는 그에게 민족중심적 시각을 넘어서게 한다. 의사소통은 교차된 시선, 상호 이해와 상호 수용으로 나아가게 한다. 적응의 단계는 몇 가지 도덕적 가치의 지지와 선택의 단계인데, 이 단계는 점차적으로 이루어진다. 이러한 포괄적 도식은 상대화할 필요가 있고, 현대의 상호문화적 관계에서 재검토될 필요가 있다. 이질적 환경에서 개인은 그의 일상생활에서의 경험적 사실에 기초하여 이전에 문제 삼았던 클리셰(cliché)를 재형성하는 경우도 있다. 그는 수용집단의 문화에 대해 부분적으로 비판적인

자신의 견해를 강화하는 삶의 순간들을 선택한다. 이를 통해 자신의 출신 집단에 대한 소속감과 애착을 유지한다.

경제와 경영의 세계화, 단체관광의 발전, 저가항공사들에 의해 더욱 활성화된 장거리 여행, 인터넷을 통한 교류의 발전 또는 TV 채널의 다양화, 수많은 이주의 물결들. 이는 모두 다양한 문화들 간의 수많은 접촉을 만들면서 타인에 대한 관점을 상당히 변화하게 만든다. 소수의 예외를 제외하고 각 개인은 개인 자체가 문화적 융합에서 나온 존재이다.

끝으로, 오늘날 언어 학습을 단일한 '외국' 문화를 발견하는 데 한정시키는 것은 더 이상 불가능하다. 즉, 수많은 언어는 여러 문화와 가치 체계에 연결되어 있다. 또한 영어, 프랑스어, 스페인어 또는 포르투갈어를 예로 들면, 이러한 언어들은 다양한 대륙에서 서로 상이한 문화와 가치를 지니고 있는 집단들에 의해 쓰일 뿐만 아니라 모국어가 아닌 많은 사람들이 그들의 생각을 말하거나 그들의 이익을 지키기 위해 사용한다. 따라서 외국어 학습은 더 이상 단일 문화와의 만남을 의미하는 것이 아니라, 상호문화적 만남을 가능하게 한다. 다른 문화와의 만남, 그리고 다른 문화에 대한 지식과 이해는 그 문화에만 집착하고 그 문화의 가치를 받아들이는 것을 의미하는 것이 아니라 타자에 대한 의식적이고 상호적인 시각이 생성됨을 의미하며, 이는 자아 정체성의 형성에 기여한다.

요약하기

▶ 문화들 간의 만남은 저절로 이루어지는 것이 아니다. 그것은 자발적인 태도와 노력을 요구한다.

▶ 교육적 프로젝트는 만남의 욕구와 교류하는 방법을 인식하게 하는 데 목표가 있다.

▶ 타자와의 만남에 관한 과정에 대한 인식은 상호 이해로 나아가게 해주며, 개인의 정체성 형성에 기여한다.

2. 중심주의들: 자기중심주의, 사회중심주의, 민족중심주의

만남의 과정에서 중요한 것은 우리가 따르게 되는 다양한 중심주의를 인식하는 것이다. 이러한 중심주의에는 세 가지 형태가 있다.

■ 자기중심주의는 '나'를 가리키는 ego(moi)와 '중심'을 가리키는 centrum(centre)이라는 2개의 라틴어로 이루어진 합성어이다. 어원상으로 볼 때, 이것은 '자기를 중심에 두다'라는 의미다.

자기중심주의는 아동 발달의 자연스러운 경향처럼 여겨진다. 이 경향은 자기를 세상의 중심으로 여기고, 그 존재가 전적으로 자신에게 달려 있다고 여기는 것이다. 아동이 타인의 입장이 되고 본래의 자기중심주의에서 벗어나는 것은 8세 정도부터이다. 이 단계에서 사회화 과정에 의해 아동은 자신이 속한다고 생각하는 집단(내집단), 즉 '집단적 우리'와 자신을 동일시하고, 이 집단에 속하지 않는 다른 사람(외집단)들과는 대립한다고 생각한다. 달리 말하자면, 그는 탈중심을 할 수 있게 된다.

사회화와 교육에도 불구하고 일부 성인은 아동이 보여주는 자연스러운 자기중심적 단계를 완전히 벗어나지 못한다. 그들은 여전히 자기중심적이고, 그들 자신에게, 그리고 그들이 세상을 바라보고 이해하는 방식에 몰두해 있다. 자기중심주의는 그들의 태도, 판단, 관계에 영향을 미친다. 이들은 유일하게 타당하다고 여겨지는 자신의 관점을 상대화하지 못한다.

■ 사회중심주의는 socio라는 접두사와 라틴어 centrum이라는 2개의 용어로 이루어져 있다. 개인은 자기 사회, 자기의 소속 집단이라고 여기는 것에 중심을 둔다. 이런 사회는 가장 좋은 사회, 다른 사회보다 우월한 사회라고 여겨진다. 사회중심주의는 개인으로 하여금 자기가 속하지 않은 사회를 무시하거나 거부하도록 할 수 있다.

사회중심주의는 여러 방면에서 나타난다. 한 사회나 집단 속에서 성장하는 개인은 가정, 직장, 사회계층, 언어-문화, 정치, 종교, 성별 등과 관련된 여러 소속 집단과 정체성을 가질 수 있다. 소속 집단들은 그의 태도와 판단에 영향을 미치고 이끌며, 외부 세계를 이해하고 해석하는 데 기초가 된다.

■ 민족중심주의는 그리스어 접두사 ethnos와 라틴어 centrum을 합쳐서 만든 단어다. 어원상으로 볼 때, 이것은 자기의 문화적 참조체계를 유일한 참조물로 삼고 다른 집단을 열등하게, 그리고 부정적으로 평가하는 것을 말한다.

1907년, 섬머(W. G. Summer)는 민족중심주의를 "도덕적·종교적·사회적·심미적인 문화적 양식들 중 주어진 사회의 고유한 문화적 양식과 가장 이질적인 것들을 거부하는 집단적 태도"로 정의한다(Summer in Colin & Müller, 1996, p. 289).

역사적으로 볼 때 이러한 예들은 많다. 그리스-로마 문명에서 다른 사람들은 야만인처럼 여겨졌다. 발견의 시대에 서양 문명은 다른 문명을 열등한 것, 사고가 결여된 것, 원시적인 것으로 여겼다. 식민지 시대의 경우, 식민 지배를 당한 민족들의 문화는 지각조차 되지 않았거나 진정한 문명이 출현하기 전의 고대 유물처럼 여겨졌다. 그래서 식민 지배를 한 사람들을 문명과 문화를 가져다준 사람들로 여겼다.

다른 문화에 대한 부정적인 평가나 거부는 민족중심주의에서 비롯된다. 민족중심주의가 강하면 외국인혐오증을 일으키고 인종주의로 발전한다.

요약하기

- 다른 문화들과의 접촉은 늘 자기중심주의, 사회중심주의, 민족중심주의라는 세 가지 중심주의를 거친다.
- 개인은 사회화 과정 속에서 자기가 속한 문화집단에 의해 전수된 가치와 문화적 참조체계에 따라 타인을 지각한다.

3. 중심 탈피

중심 탈피는 타인과의 만남을 성공적으로 수행하고, 장벽들을 통과하고 뛰어넘기 위한 가장 중요한 정신적 도구이다. 관련된 화자들은 '자기-사회-민족중심적' 안경을 벗고 세상에 대해 좀 더 객관적인 시각을 키울 능력을 획득하게 된다. 이렇게 되면 다른 관점들과 지각방식들, 다른 사고구조들도 정당하다고 지각되고 인정받을 것이다.

이러한 중심 탈피 과정은 의지, 노력, 학습을 필요로 한다. 모르는 사람, 외국인, 친숙하지 않은 것에 대한 두려움은 당연하다. 중심 탈피는 개인이

지배적인 입장을 버리고 두려움 없이 타인을 만날 수 있게 해준다. 또한 외국문화를 더 이상 위협이 아니라 개인적·집단적 풍요의 원천으로 여길 수 있음을 의미한다. 이것은 자기 소속 집단의 문화적 참조체계를 되돌아볼 수 있게 한다. 따라서 중심에서 탈피한다는 것은 자기에 대해 성찰하면서 타인에게 긍정적으로 개방한다는 것을 의미한다.

2장 고정관념과 편견

일상생활 언어에서 상투적 표현, 상징, 선입견, 편견, 표상, 고정관념은 마치 문명과 문화라는 단어가 그렇듯이 동의어로 사용되고 있다. 개인은 가족, 친구, 학교, 직업, 여가 클럽 등과 국가에 이르기까지 여러 집단에 속해 있다. 각 집단은 집단의 존속을 위해 행동규범들, 구성원들이 공유하는 가치들, 언어적 규칙, 집단이 스스로와 타 집단에 대해 가지는 표상 등을 통해 스스로를 인식하고 규정한다.

1. 고정관념

"한 명의 프랑스인은 지식인이고, 2명의 프랑스인은 대화를 나누고, 3명의 프랑스인이 모이면 난장판이 된다."

지그프리트(Siegfried)

어원상으로 볼 때, 고정관념은 그리스 형용사 스테레오스(stereos, 딱딱한, 고집 센)에서 파생한 스테로(stéréo)라는 접두사와 인쇄술과 관련된 타입(type)이라는 접미사를 합친 말이다.

이 용어는 인쇄술과 관련해서 처음 사용되었다. 1922년 미국인 기자 리프만(W. Lippmann)은 이 용어를 현실과 그 현실에 대해 우리가 갖는 인상 사이에 끼어드는 우리 머릿속의 인상을 가리키기 위해 처음 사용했다. 이것은 한 집단의 단순화된 공동의 표상을 말한다.

예를 들어, 프랑스인은 스페인을 축제, 파엘라 요리, 투우와 연결시키고, 이탈리아를 피자, 베니스, 마피아와 연결시킨다. 또한 영국을 빅 벤, 티타임, 로스트비프와 연결시키고, 포르투갈을 대구 요리, 포르투갈의 대중가요인 파도, 풍부한 체모 등과 연결시킨다.

각 집단은 자기 집단에 대한 인상과 타인에 대한 인상을 가지고 있다.

인간은 자신을 둘러싼 복잡한 환경을 이해하기 위해 지각된 현실의 범주화라는 인지적 과정을 거치게 되는데, 이러한 과정은 단순화와 일반화라는 과정으로 이어진다.

고정관념은 "하나를 보면 열을 본 거야"라는 포괄 원칙에 따라 실제로 겪은 경험으로부터 생긴다. 예를 들어, "난 이 도시에 가본 적이 있어. 가게 여점원이 친절하지 않았지. 그래서 이 도시 사람들은 친절하지 않아"라는 식이다. 경험은 실제적이고, 개인이 실제로 느낀 것과 일치한다. 이로부터 얻은 결론은 틀릴 수 있다. 또한 고정관념은 실제로 확인한 사실이나 매우 일반적으로 관찰된 사실로부터 나올 수도 있다. 아리스토텔레스(Aristote)의 삼단논법을 예로 들어보자.

"모든 사람은 죽는다.
소크라테스(Socrate)는 사람이다.
따라서 소크라테스는 죽는다."

고정관념 역시 동일한 논리에 따라 다음과 같이 표명될 수 있다.

"모든 스페인 사람은 낮잠을 잔다.
로드리게즈(M. Rodriquez)는 스페인 사람이다.
따라서 그는 낮잠을 잔다."

이러한 논리 체계에 따르면, 물론 두 번째는 잘못된 것이다. 하지만 신체적·심리적·행동적 특징은 한 집단의 구성원들에게 개인차를 고려하지 않고 그대로 적용된다.

이러한 자동화된 그리고 단순화된 표상들, 지각된 현실에 대한 일반화는 우리에게 사회 속에서 살도록 해준다. 이러한 특징짓기, 분류하기, 해석하기, 하나의 경험을 일반적인 규칙으로 일반화하기가 없으면, 미지의 상황에 적응하는 능력으로 여겨지는 지능도 없을 것이다. 고정관념의 경우, 중요한 것은 일반화된 결과를 재고하고, 객관적인 관찰로부터 결과를 수정하기 위해 정신적 과정을 해체하는 것이다.

사람들이 한 집단에 대해 가지는 인상은 사회적 학습의 결과다. 고정관념은 선천적인 것이 아니라 우리의 출신 문화나 소속 집단에 의해 전수된 것이다. 고정관념은 가정, 학교(특히 교과서), 대중매체, 광고 같은 사회화 주체에 의해 전달된다. 또한 고정관념을 만들어내는 집단에 대해서뿐만 아니라 그 고정관념의 대상이 되는 집단에 대해서도 정보를 제공할 수 있다. 예를 들어, 온난한 기후에서 사는 프랑스인에게 노르웨이는 일반적으로 피요르드 또는 추위와 관련이 있다. 반면 대구(大口)의 상당한 소비자인 포르투갈인에게 노르웨이는 이 물고기와 동일시된다.

2. 편견

"편견을 없애는 것은 원자를 나누는 것보다 더 어렵다."

아인슈타인(Albert Einstein)

어원상으로 볼 때, 편견이라는 용어는 미리 내린 판단, 추정하는 행위를 가리키는 라틴어 *praejudicum*에서 비롯된 말이다. 《라루스(Larousse) 사전》은 편견을 "개인적인 기준에 의해 사전(事前)에 형성되는 어떤 사람, 어떤 사물에 대한 판단으로, 이것은 특정 사람이나 특정 사물에 대한 생각을 어느 정도 결정짓는다"라고 정의한다. 《프티 로베르(Petit Robert) 사전》은 편견을 "환경, 시대, 고정적 관념으로 인해 강요된 신념 또는 선입견"이라고 정의한다.

사회과학 영역에서 편견은 "개인이나 집단이 타자성과 관련하여 적용하는 판단이나 행동으로, 이것은 실제로 체험한 경험에 기초하는 것이 아니라 결정적이라고 여겨지는 포괄적 사고에 기초하는 것이다"라고 정의된다. 예를 들면, '나는 프랑스인을 좋아하지 않는다' 또는 '나는 브르타뉴 사람들을 좋아한다'와 같은 것이다.*

일반적으로 편견은 자기가 속하지 않은 타 집단에 대한 평가절하와 연결된다. 많은 경우, 편견은 고정관념에 근거한다.

다음은 그 몇 가지 예들이다.

* http://www.prejuges-stereotypes.net/indexFlash.htm

편견	고정관념
브르타뉴 해안은 아름답지 않다.	왜냐하면 늘 비가 오기 때문이다.
이탈리아 사람들은 예의가 없다.	그들은 모두 너무 크게 말한다.
스페인은 아름다운 나라이다.	그곳 날씨는 늘 좋다.

교육적 과제는 우리와 타인의 관계 속에서, 그리고 우리의 세계관에서 경험과 체험의 영역에 속하는 것과 소속 집단에 의해 전승된 관점에 의한 것을 식별해내는 데 있다.

3. 고정관념과 편견 극복하기

국제적 환경에 놓인 사람들은 만인이 만인에 대한 편견을 가지고 있다는 사실을 재빨리 깨닫는다. 프랑스 사람들은 독인 사람들에 대해 편견을 가지고 있고, 독일 사람들 역시 프랑스 사람들에 대한 편견을 가지고 있다. 한국인, 일본인, 중국인은 다른 아시아 사람들에 대한 편견을 가지고 있고, 그 반대의 경우도 마찬가지다. 특정 국가나 특정 민족의 아프리카인은 다른 국가나 다른 민족의 아프리카인에 대해 편견을 갖고 있다. 여기에서 예외는 없다. 또한, 문명화된 오늘날 사회에서, 세상과 어떤 접촉도 하지 않거나, 사람이나 문화의 지속적 도움 없이 구성된 고립 집단은 더 이상 존재하지 않는다. 물물교환과 이동의 세계화, 인구와 정치의 변화는 이주의 흐름을 활발하게 했으며, 나아가 단계적 융합, 혼합을 촉진시켰다.

그래서 사람들은 편견이나 고정관념의 존재와 지속을 확인할 수 있다. 다른 한편으로는 더 큰 문화들 간의 혼합을 향하는 현대 문명들의 변화를 목격하고 있다. 일반적으로, 개인은 그 자체가 여러 문화의 산물이다.

유럽에서 대부분의 교육은 문화 다양성의 인정과 여러 문화들 간의 만남과 이해를 촉진하는 데 주력하고 있다.

고정관념과 편견을 완전히 제거하고 뿌리 뽑는 일이 현실적인 교육적 선택은 아니다. 교사들도 우리가 속한 공동체의 다른 구성원들과 마찬가지로 동일한 사고 체계에 따르고 있다. 우리 역시 참조집단의 집단적인 사고와 가치, 즉 고정관념과 편견을 의식적으로든 무의식적으로든 전수하는 데 중요한 역할을 하고 있다. 교육의 장소이자 사회화의 주체인 학교의 역할은 교사와 학생이 최대한 객관적인 관점으로 현실을 바라보도록 도와주는 것이다. 핵심은 고정관념과 편견을 인식하고, 그것에 대해 질문을 던지고, 그것을 상대화하는 것이다. 이것은 타자와의 만남을 가능하게 하며, 더 많은 이해, 호기심, 나눔의 의지를 향한 행동을 하도록 발전시킨다. 또한 자신의 고유한 가치와 신념에 대해 성찰해보는 것은 중요하다.

진단과 인식 단계는 교사와 학생들에게 기본적인 단계라고 할 수 있는데, 이는 그들이 갖고 있는 표상을 파악하고 타인을 향한 개방 정도를 측정하도록 해준다.

황당하고 때로는 논쟁의 여지가 있는 실험들이 진행되었다. 예를 들면, 캐나다에서 '차별의 교훈'이라는 실험이 이루어졌고, 이 실험은 2006년 라디오 캐나다(Radio Canada)가 제작한 다큐멘터리에서 소개되었다. 여기에서 한 초등학교 한 학급을 키를 기준으로 두 그룹으로 나눴다(키가 '작은' 집단과 '큰' 집단). 실험의 첫 단계에서 키가 '작은' 집단은 모든 장점을 다 가지고 있다고 말했고, 키가 '큰' 집단은 그렇지 않다고 말했다. 실험의 두 번째 단계에서는 반대 입장을 맡게 했다. 이 활동의 목표는 차별, 그리고 특정 그룹을 다른 그룹에 비해 더 높게 평가하고 편애하는 것의 부당함을 느껴보게 하는 것이었다.

위에 소개한 캐나다의 경험 속에서, 이 프로젝트를 처음으로 구상한 사람들이 강조한 것은 바로 경험에 대한 토론의 질, 교사들과 함께 귀납적으로 실시하는 성찰이다. 그렇지만 이렇게 극단적인 실험의 적절성에 대해, 그리고 학생들을 실험용 대상으로 삼는 상황이 받아들여질 수 있는지에 대해 자문해볼 수 있다. 왜냐하면 특히 민감한 몇몇 학습자들이 겪은 실험에는 위험이 존재하기 때문이다.

매우 간단하고 다양한 활동들이 교사와 학생에게 자신의 표상에 대해 생각해보도록 제안될 수 있다. 어린 아동에게는 그림을 그리게 한 다음 그 그림에 대해 말해보게 할 수 있고, 청소년이나 성인에게는 인터뷰나 설문 조사를 할 수 있다. 학교 간의 편지 왕래, 같은 국가 혹은 다른 지역의 학교들과 긴밀한 관계 속에 블로그로 소통하는 것도 가능한 방법이다.

요약하기

▶ 고정관념은 오류가 있기는 하지만, 부분적으로는 타당한 이미지들이 형성된 것이다. 고정관념은 단순화되고 축소된 범주화의 표현인 동시에, 그것들을 표현하는 집단의 문화에 대한 정보를 제공한다. 고정관념은 객관적으로 관찰된 것을 배우기 위한 출발점으로 여겨질 수 있다.

▶ 편견은 외부 집단에 대한 태도, 개인적 의견, 포괄적 판단이다. 이 판단은 실제적인 경험이 없는 상태에서 내려진다. 이것은 종종 부정적인 태도로 차별과 인종주의를 조장할 수 있다.

▶ 교육 프로젝트는 고정관념과 편견을 만드는 사고작용을 인식하게 하고, 교사와 학생이 객관적인 시각에서 활동하도록 돕는다. 상호문화접근은 경험과 지식 습득 과정을 제안한다. 이 과정은 고정관념과 편견의 존재 자체를 비난하는 것이 아니라 대상이 된 집단에 대한 실제적인 지식과 마주하게 돕는다.

3장 비언어적 차원

"우리는 발음기관으로 말하지만,
대화를 나눌 때는 몸 전체로 한다."

아베르콤브리(M. L. J. Abercombrie)

1. 정의

자연적인 것처럼 보일 수 있는 것도 근본적으로는 문화적이다. 언어 기호를 습득하지 못한 아기는 의사소통을 하기 위해 목소리, 억양, 소리의 크기 등을 사용한다(예: 소리를 지르거나 우는 행위). 물론 시선, 제스처, 미소 같은 비언어적인 것도 사용한다. 이러한 제스처와 흉내 등은 주변 사람들에 의해 권장되고 조금씩 체계화된다. 제스처, 시선, 표현, 시간 개념과 공간 개념 등의 비언어적 의사소통은 학계에서 오랫동안 경시되거나 심지어 무시되어왔다. 비언어적 의사소통이 마침내 언어교육 분야에서 중요한 위치를 획득한 것은 1970년대이다. 이것은 특히 보이지 않는 학파(Collège invisible)라고도 불리는 '새로운 의사소통 학파(l'Ecole de la Nouvelle Communication)'의 회원들에 의해 시도된 연구의 영향이었다.

1950년대 사회학, 정신의학, 인류학, 언어학 등 다양한 분야의 학자들은 샤농(Shannon)과 위브(Weave)가 구상한 의사소통 모형에 문제를 제기했다. 샤농과 위브가 의사소통을 발신자와 수신자 간의 메시지 전달로만 제한했고 비언어적인 요소는 고려하지 않았기 때문이다. 이에 대한 반발로 그중에서도 베이트슨(G. Bateson), 에드워드 홀(E. T. Hall), 버드위스텔(R. Birdwhistell), 고프먼(E. Goffman) 그리고 바츨라빅(P. Watzlawik)은 악보에 따라 연주하는 오케스트라와 의사소통 간의 유사점에 주목하면서 흔히 '의사소통의 오케스트라 모형'이라고 불리는 것을 개발했다.

의사소통은 더 이상 단순한 메시지 전달에 국한되는 것이 아니라, 언어적 메시지로 소통하며 그 자체로 메시지의 일부가 되기도 하는 비언어적 요소들까지도 결합하는 개인들의 관계로 인식된다. 이처럼 보이지 않는 학파에게 의사소통이란 "다양한 행동방식(말, 제스처, 몸짓, 개인 상호 간의 공간 등)을 포괄하는 지속적인 사회적 과정"(Winkin, 1981, p. 24)이다.

따라서 의사소통은 언어적인 것과 비언어적인 것을 통합하며, 여러 경로를 통해 동시에 이뤄진다. 이러한 관점에서 개개인은 자신의 문화 규범에 따라 의사소통에 참여한다.

언어와 문화 교육에서 비언어적 의사소통은 동작학(제스처, 몸짓, 자세, 시선 등)과 공간학(거리 인식과 공간 사용, 영역의 개념 등)에 관련되어 있다. 이러한 행동들은 문화에 따라 다양하므로 외국어 교육에 통합되어야 한다. 예를 들면, 고개를 위아래로 끄덕이는 것은 프랑스에서 '예'를 의미하지만, 인도에서는 '아니오'를 의미한다. *C'est le printemps*(1972) 같은 FLE 교재들은 교수방법론에 이러한 요소들을 내세우며 교수 행위를 발전시켰다. 현재 언어적 정보는 전체 메시지에 기여하는 비언어적 의미요소가 동반된다고 받아들여지고 있다. 외국어로 의사소통을 잘한다는 것은 언어적 지식을 숙달하는 것뿐만 아니라 비언어적 기호를 고려하고 이해하고 습득하는 것을 포함한다. 모든 언어교육은 이러한 관계를 고려해야 한다.

2. 동작학

"그 어떤 사람도 비밀을 지킬 수 없다. 만약 입술이 침묵한다면, 그는 손가락 끝으로 수다를 떨 것이다."

프로이트(S. Freud)

제스처는 소속문화에 의해 결정되며, 집단의 모방을 통해 문화적으로, 때로는 무의식적으로 습득된다. 이것은 소속 집단을 다른 집단과 구분해준다.

동작학(La kinésie)이라는 용어는 1952년, 진정한 제스처의 규칙을 정의한 버드위스텔(R. Birdwhistell)에 의해 개발되었다. 그는 일반적으로 제스처라 불리는 표정이나 자세를 포함한 신체 움직임 전체를 이 규칙에 통합시킴으로써 동작 전체를 다루었다.

버드위스텔은 자신의 이론을 설명하기 위해 지금은 매우 유명해진 도리스(Doris)와 그레고리(Gregory) 사이에서 일어나는 한 장면을 소개했다. 그는 18초에 지나지 않는 상호작용 장면을 통해 두 사람의 제스처와 표정을 분석한다. 이러한 분석으로부터 행동과 교환된 언어내용 사이에는 격차가 있다는 결론을 도출할 수 있다. 이처럼 그는 제스처가 그 자체로 의미를 지니며, 때로는 상대방에게 무의식적으로 전달된다는 것을 보여준다. 다시 말해 몸과 말은 반드시 똑같은 메시지를 전달하지는 않는다.

제스처는 두 부류로 구분된다.

1 의사소통을 돕는 제스처: 교류와 만남을 허용하는 열려 있고 외향적인 제스처(프랑스를 예로 들면 팔을 벌리거나 상대방을 향해 몸을 기울이는 것)
2 의사소통을 막는 제스처: 메시지 전달을 방해하거나, 공격성이나 두

려움을 나타내거나, 화자들 사이에 장벽을 만들 수 있는 불필요한 제스처(프랑스를 예로 들면 팔을 꼬거나, 미소를 짓지 않거나, 상대방을 바라보지 않는 것)

한 문화권에서 긍정적인 제스처가 다른 문화권에서는 부정적인 제스처가 될 수 있다. 동일한 제스처임에도 기준이 되는 문화에 따라 다른 의미를 가질 수 있으며, 사람들은 이것을 '상호문화적 동음이의어(homonymie interculturelle)'라 부른다(Windmüller, 2011, p. 22). 예를 들면, 검지와 중지를 꼬는 것은 프랑스에서는 행운을 빈다는 의미이지만, 베트남에서는 성적인 모욕이 될 수 있다.

외국어 교육에서 교사는 제스처에 관한 규범을 잘 알고, 이를 통해 학습자들이 목표 언어로 하는 의사소통에서 비언어적 기호의 중요성을 인식하도록 해야 한다.

일반적으로 세 가지 유형의 제스처가 같이 사용된다.

- 담화적 제스처(실행된 언어적 담화와 연관된): 이것은 대화를 조직하는 데 쓰이고, 담화의 리듬을 조절한다. 예를 들면, 말의 속도를 조절하거나 나열할 때 테이블을 손끝으로 툭툭 치거나, 무엇인가 나열할 때 구분지어주기 위해 취하는 제스처(예를 들어 첫째는 엄지, 둘째는 엄지와 검지, 셋째는 엄지, 검지, 중지를 펴는 것)가 이에 해당한다. 마찬가지로 이러한 제스처들은 문화마다 다르다.
- 예시적 제스처: 이것은 의미적 기능을 가지며, 제스처를 통해 설명하면서 말에 의미를 부여할 수 있다. 이러한 제스처들은 유추에 의해 담화의 내용을 보충하고 강화한다. 예를 들면, 커다란 대상에 대해 말할 때 손바닥 사이를 벌리는 것 등이 이에 해당한다.
- 상징적 제스처: 이것은 주로 제스처를 통해 관용적 표현을 묘사하는 것이다. 예를 들어, 상대방을 믿지 않는다는 뜻의 '설마(mon oeil)!'

라는 표현은 눈 아랫부분을 검지로 누르는 제스처를 동반한다. 몇몇 상징적 제스처들은 보편적으로 쓰이지만, 대부분은 문화에 따라 달라진다. 침묵 혹은 정지(停止) 역시 매우 문화적인 개념이다. 이들은 서양 문화권에서는 불쾌한 행동으로 여겨져 불편함을 유발하거나 부정적이거나 거북하게 느껴지지만, 반대로 다른 문화권에서는 긍정적이거나 가치 있는 것으로 여겨진다.

3. 공간학

"공간은 말한다."

에드워드 홀(E. T. Hall)

각 문화는 저마다 고유의 방식대로 공간에 적응한다. 인간이 공간을 어떻게 인식하고 사용하는지에 관한 연구가 '공간학(proxémie)'이라는 학문 영역이다.

미국의 인류학자 에드워드 홀(E. T. Hall)은 상호문화 의사소통과 관련된 공간학의 문제에 관심을 가졌다. 그는 의사소통 상황에서 개인들 사이의 거리 개념을 연구했다.

동물들과 마찬가지로 인간도 자신의 행동을 상대방과의 거리에 맞춰 조절한다.

각 문화는 저마다 고유한 방식으로 공간을 구성한다. 홀은 미주권 문화를 참조하여 개인들 사이의 거리를 네 가지로 분류했다.

- 친근한 거리: 서로 몸을 맞대는 것이나 다름없는 거리. 이 거리에서 서로를 보면 매력을 느낄 수도 있고, 숨결이 느껴지고, 때로는 서로의 존재가 서로를 침범하는 것처럼 느껴질 수 있다. 예를 들면, 출퇴근시간의 붐비는 지하철이라는 상황에 의해 빚어진 가까운 거리는 매우 고통스러울 수 있다. 반대로 이처럼 가까운 거리를 원한다면 긍정적이고 편안하며 안심시켜주거나 활력을 주기도 한다.
- 개인적 거리: 이 거리는 타인에 대한 물리적 영향력이 미칠 수 있는 한계다. 이 거리를 넘어가면 상대방을 터치하는 것이 힘들어진다. 목소리는 평범하고 더 이상 속삭일 수 없다.
- 사회적 거리: 이 거리는 업무적 관계에서 관례적인 거리다. 개인 간의 교류에서 어느 정도의 격식을 부여한다. 주로 사무실 책상, 테이블 혹은 창구 등에 의해 경계가 설정되며 계급상 위치에 따라 멀어질 것이다.
- 공적 거리: 이 거리에서는 개인 간의 의사소통이 메미르게 된다. 이는 대화가 청중을 향하며, 그룹을 구성하는 개인들과의 상호작용을 최대한으로 제한하기 때문이다. (예: 대형 강의, 콘퍼런스, 연극) 상대방은 수신자 역할을 한다.

이 네 가지 유형의 거리는 문화적으로 달라질 수 있는 영역이다. 그래서 한 문화권에서는 개인적 거리로 느껴지는 거리라도 다른 문화권에서는 친근한 거리로 느껴질 수도 있다. 다양한 의사소통 상황에서 개인들 간의 거리는 겉으로는 모두가 공유하는 것처럼 보이지만, 실제로는 민족중심주의적인 관점에서만 그렇다. 거리는 각 문화마다 고유하며 중요한 요소이다.

4. 교육 환경에서 동작학과 공간학에 대한 성찰

언어-문화 교육에서 공간학과 동작학의 연구는 학생들에게 그들의 관점이 상대적인 것임을 인식하고, 어떠한 것이 첫눈에 자연스럽거나 그렇지 않게 보일 수 있는지 자문할 수 있도록 도와준다.

또한 이 주제에 대한 성찰은 공간 관리, 책상과 의자의 배치가 얼마나 중요한 역할을 하는지 보여준다. 이들은 교실에서의 일상 생활 속에서 교사와 학생들 간, 그리고 학생들 스스로의 의사소통을 더 쉽게 또는 더 어렵게 만드는 요소에 속한다.

오늘날 유럽에서 교육에 대한 개념은 학생들과 교사 사이, 그리고 학생들 사이의 상호작용에 초점이 맞춰져 있다. 또한 학습자를 더욱 책임감 있는 자발적 학습자로 만들고자 한다. 이러한 교육 방향은 종종 학습자의 학습 태도, 그리고 그들의 출신 교육적 문화에 따라 차이가 있다. 이러한 관념은 유럽에서조차 늘 적용되는 것은 아니다. 여전히 대학교육이나 학교교육은 교사에게 학습의 조직자보다는 지식의 전달자로서의 역할을 부여하고 있다.

교실의 공간 배치만 보더라도 어떤 교육이 제공되는지 알 수 있다. 책상을 일렬로 세워 배치하고, 학생들을 앞뒤로 앉히면 서로 대화하기가 어려워진다. 이러한 배치에서 학생들은 지식을 제공하는 교사의 말을 아무런 교류도 없이 일제히 듣게 된다. 그리고 학생들이 하는 질문은 이해하지 못한 부분을 더 자세히 설명해달라는 요청으로만 여겨질 뿐, 주제에 대한 흥미를 표시하는 수단으로 여겨지지 않는다.

외국어 수업에서 실제 언어 사용은 언어 실력 향상에 필수적이지만, 같은 반 친구들이 3줄 뒤에 앉아 있는 경우, 어떻게 그 친구를 보지도 않고 말을 할 수 있겠는가?

따라서 책상을 소규모 그룹으로 나누어 배치한 형태, 즉 U자형 교실 또는 책상 없이 원형으로 모인 형태를 더 권장한다. 조별 구성원들 간의 시각적 접촉과 교실에서의 이동은 교류를 촉진시켜준다. 또한 역할극, 설문조사, 문서 전시, 칠판의 이동 등 교실에서 이동하고 자리를 바꿔가도록 하는 모든 활동을 권장한다. 움직이고, 이동하고, 서로 다른 파트너와 활동하도록 유도하는 학습활동은 다양한 상호작용을 할 수 있게 하고, 학습에 적극적으로 참여할 수 있도록 해준다.

교사 역시 칠판 앞에서만 머무르기보다는 교실 여기저기에서 움직이는 편이 낫다. 같은 장소에 계속 머무르면, 똑같은 학생들과 계속 똑같은 거리에 머무르게 된다. 그렇게 되면 가까이 있는 학생들과 멀리 떨어진 학생들 사이에 의도하지 않은 차별이 생기게 된다. 반대로, 교사가 자주 이동한다면 모든 학습자들이 차례대로 교사와 가까워질 수 있다. 교사가 학생들과 더 가까워질수록 의사소통은 더욱 활발해진다.

요약하기

▶ 비언어적 의사소통은 때로는 무의식적이지만, 근본적으로 문화적이며 본래는 언어적 의사소통과 연결된 의사소통 방식이다. 자신의 문화권 그리고 타 문화권의 비언어적 의사소통 규범을 인식하고 이해하는 것은 상호문화적 접근법에서 적절한 구성요소들이다. 이러한 구성요소들은 선험적으로 자연스러운 것처럼 보이는 행동들이 실제로는 한 집단이 문화적으로 습득한 것임을 이해하게 한다. 따라서 이들은 언어 학습 계획에 포함되어야 한다.

▶ 의사소통에서 비언어적인 요소들의 중요성을 인식하기 위해 일상적 교수행위와 교실 공간 관리의 발전을 이끌어내야 한다. 만약 학생들과 교사가 서로 보고, 움직이고, 교실에서

이동할 수 있다면, 이는 그룹에서의 상호작용과 의사소통에 직접적으로 도움이 될 것이다.

학습활동 13

A1 이상

45분

번개팅

프랑스어로 '번개팅'을 의미하는 speed-dating은 제한된 시간 내에 연속적인 만남의 한 방법이다. 이것은 주로 바(bar), 식당 등과 같은 공공장소에서 이루어진다.

목표

- 타인과 만나기
- 교차된 관점 파악하기
- 소속 집단 인식하기

자료

일상적으로 접할 수 있는 사물, 동물, 인물 사진이나 이미지 (예: 개 사진, 자동차 사진 등)

1단계

- 지시사항: 2명씩 짝을 지어 5분간 누군가를 처음 알기 위한 10개의 질문을 만들어보세요. (예: "당신은 어디에서 태어났나요?")
- 〔종합하기〕 각 조의 구성원은 차례대로 한 가지 질문을 제안합니다.
  - 첫 만남에서 어떤 질문을 하면 안 되나요?
- 〔A2 수준 이상〕 지시사항: 여러분은 번개팅의 원칙을 아세요?
  - 목적은 무엇인가요? 여러분 생각에 누군가를 알게 되는 데 좋은 전략은 무엇인가요?

2단계

- 지시사항: 2명씩 짝을 지어 번개팅에서 누군가를 알기 위한 가장 중요한 6개의 질문을 만들어보세요.
- 〔종합하기〕 질문들을 칠판에 써보세요.
- 〔A1 수준〕 교사는 참가자들에게 이미지나 사진을 나눠줍니다.
  지시사항: 2명씩 짝을 지어 이미지를 보면서 누군가를 알기 위해 할 수 있는 질문을 찾아보세요. (예: 개의 이미지는 다음 질문과 관련될 수 있습니다. "여러분은 개를 기르세요?", "여러분은 개를 좋아하나요?", "여러분의 개는 온순한가요?" 등)
- 〔종합하기〕 참가자들은 찾아낸 질문들을 발표합니다.
  학습자들은 2명씩 짝을 지어 서로서로 질문을 해봅니다. 3분간 정보를 교환한 후 파트너를 바꿉니다.
- 지시사항: 여러분에게는 파트너에 대한 최대의 정보를 얻기 위해 3분이 주어집니다. 3분 내에 파트너와 대화를 나눠보세요.
  - 몇몇 교류 후에 교사는 활동을 멈춥니다. 교사는 제비뽑기로 학습자의 이름을 호명합니다.
- 지시사항: 누구를 만났나요? (예: 실비아)
  - 참가자들은 손을 듭니다.
  - 차례차례로 실비아에 대한 정보를 제공해보세요.
  - 이런 식으로 모든 학습자를 소개해봅니다.

더 알아보기

- 교사는 선택된 이미지를 보여주면서 교실에서 친근함을 강조할 수 있는 질문을 해봅니다. 예를 들어 "누가 개를 좋아하나요?"라는 질문에 해당하는 학생들은 손을 들어봅니다. 그런 다음 교사는 학생들에게 같은 형태로 질문을 해보라고 제안합니다. 이런 활동은 새로운 집단과의 처음 몇 시간 동안 매우 유용할 수 있습니다.

학습활동 14

A2 이상
45분~1시간 30분

유혹의 기술

목표

- '유혹'의 문화적 차이 인식하기
- 자기중심에서 벗어나기
- 자신의 문화 상대화하기

자료

페셰랑 몰리에(Y. Pecherand-Molliex)의 단편영화 〈외인부대(Le grand jeu)〉 (www.6nema.com에서 시청 가능)

1단계

- 지시사항: 3명씩 조를 이루어 매력적인 인물의 초상화를 그려보세요.
- 〔종합하기〕 각 집단은 자신들이 그린 그림을 소개합니다.
  질문: 그려진 인물들의 공통점은 무엇인가요? 그려진 인물들에게 큰 차이점이 있나요? 만약 그렇다면 그것은 무엇인가요?
- 지시사항: 여러분의 나라에서 한 남자나 한 여자의 마음을 사로잡기 위해서는 어떻게 해야 하나요?
- 〔종합하기〕 전체적으로 토론해보세요.

2단계

[응용 1]

■ 교육적 차원에서 단편영화 〈외인부대〉를 보여주고, 학습활동을 지도해주세요.

[응용 2]

■ 자료실에서는 다음과 같이 해주세요. 인터넷 연결에 오류가 생길 경우를 대비하여 영화를 미리 다운받아두는 것이 좋습니다.
■ 지시사항: 이 사이트(www.6nema.com)에 접속한 후, 검색창에 'le grand jeu'를 입력하세요. 한 젊은 여자가 기차에 타고 자리에서 짐을 발견하는 순간까지 영화를 보여주세요. 그 후 젊은 여자의 마음을 끌기 위해 시도된 미묘한 동작을 목록으로 만들어보세요.
■ 〔종합하기〕 참가자들은 가능한 한 완성된 목록을 작성할 때까지 차례대로 답을 해봅니다.
■ 지시사항: 2명씩 짝을 지어 영화의 결말을 상상해보세요.
■ 〔종합하기〕 각 조는 스스로 생각한 결말을 소개한 다음, 영화를 봅니다.
■ 지시사항: 영화를 보면서 결말을 확인해보세요.
여러분은 남자의 태도에 대해 어떻게 생각하세요? 그가 왜 젊은 여인을 떠났다고 생각하나요?

더 알아보기

■ 지시사항: 3명씩 조를 이루어 한 여자 또는 한 남자의 마음을 사로잡기 위한 12개의 조언을 찾아보세요.
■ 〔종합하기〕 각 조는 차례대로 한 개씩 조언을 제안합니다. 참가자들은 생각이 소진될 때까지 조별로 돌아가면서 발표해봅니다.

■ 지시사항: 다른 참가자들에게 자기 나라의 관례를 설명해보세요.
- 사람들은 사랑해서 결혼하나요? 아니면 부모님의 선택에 의해 결혼하나요?
- 애인 관계에서 먼저 사귀자고 하는 사람은 여자인가요? 남자인가요?
- 결혼 전에 동거하는 것은 가능한가요?
- 결혼은 여전히 유행인가요?
- 불륜은 범죄인가요? 이것은 남자와 여자에게 같은 방식으로 여겨지나요?

■ 〔B2 수준 이상〕 지시사항: 다음 사이트에 접속하세요.
www.petites-annonces-amoureuses.fr

문학적으로 표현된 구애 쪽지를 읽어보세요. 그리고 여러분도 다음과 같은 식으로 독창적인 쪽지를 써보세요.

> 좋은 배는 씹어 먹을 사과를
> 찾는다. 약간 붉은 얼굴 선호,
> 톡 쏘거나 사람을 녹이는
> 말투 환영.

학습활동 15

모든 수준

45분

사물

목표

- 타인의 환경을 통해 타인에 대해 이해하는 법 배우기
- 교차된 관점 인식하기
- 정체성의 다양한 측면 이해하기

1단계

- 지시사항: 좋아하는 사물 다섯 가지를 목록으로 만드세요.
- 〔종합하기〕 각 참가자는 한 가지 사물을 말해봅니다.

2단계

- 지시사항: 종이에 자신의 특징을 나타내는 다섯 가지 사물의 이름을 쓰거나 그림으로 그려보세요.
  교사는 종이를 모아서 무작위로 다시 나눠줍니다.
- 지시사항: 종이에 적힌 목록이나 그림을 가지고 참가자를 소개합니다. 예를 들어 "X는 읽기를 좋아한다", "그는 운동을 한다" 등 소개된 사람은 자신이 소개에 동의하는지 아닌지를 설명합니다.
- 응용하기: 교사는 학습자에게 자료를 대체할 사물의 사진이나 물건을 가져오라고 요구할 수 있습니다.

더 알아보기

- 〔A1-A2 수준〕 지시사항: 2명씩 짝을 지어 2분 동안 '자동차(voiture)'라는 단어와 어떤 단어를 연결지을 수 있는지 이야기해보세요. 언급되는 단어들을 칠판에 써봅니다. (예: '석유', '환경', '페라리', '독립', '여행' 등)
- 지시사항: 개별적으로 문장을 완성해보세요. "나에게 자동차는 ...이다." (예: "나에겐 말야, 자동차는 멋져" 등)
- 〔종합하기〕 참가자들은 자신이 쓴 문장을 읽어봅니다.
- 〔B1 수준 이상〕 지시사항: 연상된 생각의 차이점과 유사점을 비교해보세요. 왜 이런 차이점이 존재하나요?
- 응용하기: 교사는 학습자들에게 돌아가면서 어떤 한 사물을 무작위로 선택해보라고 제안합니다. 다른 참가자들은 그 물건이 그들에게 무엇을 생각나게 하는지 즉시 말해야 합니다.
- 〔B1 수준 이상〕 지시사항: 다음 목록에서 사회적 구별을 위해 유용하거나 도구가 되는 것은 무엇인지 찾아보세요.

  □ 휴대전화 □ 옷 □ 시계 □ 자동차

  □ 집 □ 연필 □ 핸드백
- 〔쓰기 활동〕 지시사항: 여러분이 좋아하는 사물에 대해 이야기를 10줄 내외로 써보세요.

☞ 주의사항: 학습자의 수준에 따라 쓰기의 분량을 조절하세요.

학습활동 16

B1 이상
45분~1시간 30분

편견과 차별

목표

- 차별 정의하기
- 편견과 차별의 관계 설정하기
- 차별과 맞서 싸우는 제도 알아보기

1단계

- 지시사항: 2명씩 짝을 지어 '차별'이라는 단어의 정의를 내려보세요. 그리고 좋은 예를 들어보세요.
- 〔종합하기〕 2명씩 짝을 지어 자신들이 작성한 정의를 읽어봅니다.

2단계

- 지시사항: 소그룹을 형성하여 차별의 원인이 될 수 있는 편견의 목록을 작성해보세요.
- 〔종합하기〕 각 집단은 한 가지 편견을 제안한 후, 다 함께 논의해봅니다.
- 질문: 당신은 차별을 받았던 사람들을 아세요? 어떤 상황이었나요? 그것은 당신에게 충격이었나요? 어떤 영향을 주었나요? 왜 그랬나요?
- 교실 전체의 의견을 교환해보세요.
- 지시사항: 2명씩 짝을 지어 사이트(halde.defenseurdesdroits.fr)에 접속한 후, 다음 질문에 답해보세요.

1 HALDE*는 무엇을 의미하나요? 이것의 주된 임무와 옹호하는 가치는 무엇인가요?

2 매스미디어 항목에서 제시된 영상을 한두 개 시청하세요.

A 여러분이 시청한 것을 수업시간에 간략히 말해보세요.

B 비디오에서 나온 사건 중 편견의 원인은 무엇인가요?

C HALDE의 주장에 대한 당신의 의견을 말해보세요.

더 알아보기

- 지시사항: 개인적 경험으로 인해 없어진 편견이 있나요?
  편견이나 차별에 맞서기 위해 무엇을 권장할 수 있나요? 그 제안이 왜 중요한지 설명해보세요.
- 소그룹으로 토론한 후 전체적으로 의견을 교환해보세요.
- 질문: 여러분의 나라에는 차별과 싸우고 고발하는 활동 기관이 있나요? 만약 그렇다면, 필요한 정보를 조사하고 기관 중의 하나를 소개해보세요.

* Haute autorité de lutte contre les discriminations et pour l'égalité

학습활동 17

B2 이상
45분~1시간 30분

거의 완벽한 자료

목표

- 차별과 맞서 싸우기
- 고정관념 상대화하기
- 자기중심 탈피하기

자료

아르투스 드 팡게른(Artus de Penguern)의 단편영화 〈Un excellent dossier !〉 (www.youtube.com에서 시청 가능)

1단계

- 지시사항: 2명씩 짝을 지어 여러분의 나라에서 아파트를 빌리기 위해 필요한 조건은 무엇인지 이야기해보세요.
- 〔종합하기〕 첫 번째 조가 결과를 발표합니다. 전체적으로 결과를 보완하고 논의합니다.

2단계

- 지시사항: (2명씩 한 조, 5분 동안) 아파트를 빌리기 위해 필요한 조건 다섯 가지를 목록으로 만들어 보세요. (예: 프랑스에서는 지급 능력이 있어야 하고, 집에서는 동물을 기르지 않는 게 낫다.)

다음 활동은 교실이나 자료실에서 교육적 목적으로 해볼 수 있습니다.

➔ 유튜브 사이트에 접속하세요. 그런 다음 검색창에 'un excellent dossier Artus de Penguerin'을 입력하세요. 아래에 나타나는 단편영화의 시퀀스들을 연속적으로 보여주세요. 그런 다음 이 시퀀스에 적합한 질문을 해보세요.

시퀀스 1. (처음부터 2분 1초까지) 첫 번째 세입자의 도착을 알리는 초인종 소리까지

- 부동산 중개인이 임대를 원하는 부부에게 보여준 자료는 무엇인가요? (등록 서류, 양친 보증, 추천서, 납세고지서와 신분증 사본)
- 부부의 특징을 상상해보세요. (50대, 부르주아, 상냥함, 농담을 잘하는 사람 등)
- 분위기를 묘사해보세요. (편안한, 친절한, 즐거운 등)
- 여러분 생각에 부인이 부동산 중개인에게 다음과 같이 물어볼 때, 이것은 어떤 의미인가요? ("그들은 당신에게 좋은 첫인상을 주었다", "그들은 아파트의 세입자로 완벽히 추천할 만한가?")

시퀀스 2. (2분 2초부터 3분 3초까지) 두 번째 초인종 소리까지

- 마르지아니 부부는 세실 모랭에 대해 어떤 이미지를 갖고 있나요? (매우 긍정적 이미지, 동양어를 배우는 진지한 대학생, 열심히 일하는 이미지 등)
- "좋아요. 나중에 당신에게 도움이 될 거예요. 왜냐하면 중국인은 ..."이라는 표현과 관련된 마르지아니 씨의 제스처를 어떻게 해석할까요?

시퀀스 3. (3분 4초부터 5분 3초까지) 아파트에서 파티를 하는 마지막 장면까지

- 다른 두 학생이 도착했을 때 이들 부부의 반응은 어떠했나요? (놀람, 불편함 등)

- 마르지아니 부인은 아델 생로즈에 대해 어떤 이미지를 갖고 있나요? (문란한 성생활, 임신한 아프리카 여성, 대가족, 대마초 흡입)
- 릴리안 마뉘의 목에서 파트마의 손을 보았을 때 마르지아니 씨의 반응을 묘사해보세요. (커진 눈, 놀람 등)
- 마르지아니 씨는 릴리안 마뉘에 대해 어떤 인상을 갖고 있나요? (기도하는 이슬람교도, 2001년 월드트레이드센터 9·11 테러, 핵전쟁, 테러리즘, 에펠탑 테러)
- 이 부부는 그들의 친구를 어떻게 생각하나요? (흥청거리기 좋아하는 사람, 소란스러운 사람 등)

시퀀스 4. (5분 4초부터 끝까지)

- 이 부부는 어떤 결정을 하나요? 이 결정과 그들의 판단에 대해 어떻게 생각하나요? (그들은 고민할 것이다. 그러나 사람들은 아파트를 세놓고 싶어 하지 않는 그들을 이해한다. 그들은 구차한 변명을 할 것이다.)
- 학생들과 부동산 중개인의 반응은 어떠한가요? (놀람, 거북함, 이해 못함 등)
- 결국 이 아파트는 누구에게 임대되나요? (전형적인 프랑스 가족, 뒤메닐 가족 등)
- 이 이야기의 교훈은 무엇인가요?

■ 〔종합하기〕 각 시퀀스가 끝난 다음, 참가자들은 소그룹으로 논의합니다. 그 후 다 같이 논의합니다. 교사는 45분의 수업시간 동안 영화의 한 시퀀스를 가르치고, 그런 다음에는 영화 전체를 보여줄 수도 있습니다.

더 알아보기

■ 지시사항: 소그룹을 형성하여 수업에서 본 단편영화에서 영감을 받아 '차별'이라는 주제로 새로운 단편영화 시나리오를 생각해보세요. 다음으로 소형카메라 또는 핸드폰으로 찍어보세요.

학습활동 18

A2 이상

45분

고정관념 지도

목표

- 한 국가와 관련된 고정관념 알아보기
- 고정관념의 축소, 단순화, 자민족 중심주의적 특징 인식하기
- 중심 탈피하기

1단계

- 지시사항: 3명씩 조를 지어 자신의 국가나 서로의 국가와 각각 연결되는 이미지를 교환해보세요.
- 〔종합하기〕 각 조는 의견들을 요약하여 차례대로 소개해봅니다.

2단계

교실에서 참가자(또는 친척들)의 국적을 알아보고, 이를 목록으로 만들어보세요. 세계지도를 준비해 벽에 붙이거나 프로젝터를 이용해 지도 화면을 띄우세요.

- 지시사항: 여러분의 나라를 지도에 표시해보세요.
  참가자 중의 한 명이 일어나서 지도 위에 자신의 나라를 표시합시다.
- 다른 참가자들에 대한 지시사항: 표시한 국가에 대해 질문을 해보세요.
  해당 국가의 발표자는 몇몇 질문에 대답을 하고, 이어서 다른 국가의 참가자가 발표를 합니다.

■ 지시사항: 2명씩 짝을 지어 언급된 국가 중 하나를 선정하여 그 국가에 대한 구체적인 정보(예: 인구, 수도 등) 열 가지를 조사한 후 다음 시간에 발표해보세요.

더 알아보기

■ 지시사항: 여러 나라에 대해 알고 있는 지식이나 고정관념에 대한 목록을 만들어보세요. (예: "사람들은 독일인이 시간을 잘 지킨다고 생각한다", "사람들은 인디언들이 맵게 먹는다고 생각한다" 등)

■ 〔종합하기〕 각 조는 한 가지씩 선입견을 발표해봅니다. 그 후 제시된 생각에 대해 전체적으로 논의해봅니다.

■ 지시사항: 그 국가들을 방문해본 적이 있나요? 어떤 기회에 방문했나요? 방문한 국가에서의 경험을 이야기해보세요.

■ 지시사항: 'Centre d'apprentissage Interculturel'이라는 캐나다 사이트에 접속해보세요. → http://www.intercultures.ca/cil-cai/countryinsights-aprecuspars-fra.asp.

➔ 한 국가를 선택하세요. '고정관념'을 클릭하고 그 국가에 대한 당신의 관점을 캐나다인과 그 나라 국민(현지인)의 관점들과 비교해보세요.

영어수업을 듣는 학습자들은 다학제적 관점에서 교사와 함께 협력하여 공부하는 것이 가능합니다.

■ 지시사항: 다음 사이트에 접속하세요.
→ http://alphadesigner.com/project-mapping-stereotypes.html
그리고 미술가 얀코 츠베코프(Yanko Tsvetkov)의 작품들을 참고하세요.

- 국가와 관련된 다양한 고정관념에 대해 어떻게 생각하세요? 이런 것들이 당신의 국가에도 나타나나요? (그렇다, 아니다) 왜 그런가요?

학습활동 19

B1 이상
45분~1시간 30분

고정관념

목표

- 자신과 타인에 대한 고정관념 확인하기
- 고정관념의 축소, 단순화된 특징 인식하기
- 고정관념과 정체성 간의 관계 인식하기

자료

세드릭 빌랭(Cédric Villain)의 〈클리셰 프랑세(Clichés français)〉라는 짧은 영상 (www.youtube.com에서 시청 가능)

1단계

- 지시사항: 개별적으로 여러분의 나라와 관련된 10개의 단어를 선택하세요. 같은 국가 출신의 사람과 여러분의 목록을 비교해보세요. 여러분은 같은 단어들을 선택했나요? 그런 다음 다른 국가와 관련된 목록과 여러분의 목록을 비교해보세요. 공통점이 있나요?

2단계

- 지시사항: 3명씩 조를 지어 여러분의 지식을 교환하고, 아래 표를 완성해보세요.

프랑스와 프랑스인	
유명한 사람	
유명한 기념물	

프랑스와 프랑스인	
음식	
관습과 행동	
세계 속의 프랑스	
외국어에서 프랑스 단어	

■ 〔종합하기〕 학습자들은 조별로 표에 기록한 것을 발표해봅시다.

■ 지시사항: 유튜브 사이트에 접속한 후, 검색창에 'Clichés français'를 입력하세요. 'Clichés!'라는 제목의 비디오를 선택하여 시청하세요. 그리고 또 다른 정보로 표를 완성하세요.

- Clichés 영상! 이 프랑스어 버전의 영상은 프랑스와 프랑스인을 대표하고 있나요? 아니면 고정관념만 다루고 있나요? 그 이유는 무엇인가요?

더 알아보기

■ 지시사항: 프랑스인에 대한 많은 클리셰(cliché)가 존재하는 것과 마찬가지로 여러분의 출신국에서 습관적으로 나타나는 고정관념의 목록을 만들어보세요. 이 고정관념은 어느 정도 현실과 일치하나요?

■ 지시사항: 3명씩 조를 이루어 '고정관념'이라는 단어의 정의를 내려보세요. 구체적인 예를 들어 여러분의 정의를 설명해보세요. 여러분의 정의와 사전적 정의를 비교해보세요.

학습활동 20

B1 이상
45분~여러 시간

~처럼

목표

- 고정관념에 대해 알아보기
- 고정관념, 국적, 정체성의 관계 밝히기
- 정체성과 관련된 사물이나 장소와의 감정적인 관계 인식하기

자료

토마 뒤트롱(Thomas Dutronc)의 노래 〈기타 없는 떠돌이 집시처럼(Comme un manouche sans guitare)〉 (www.youtube.com에서 시청 가능)
- 수업시간에 인터넷 연결 문제를 피하기 위해 자료를 미리 다운받는 것이 좋습니다.

1단계

- 지시사항: 2명씩 짝을 지어 각 국적을 대표하는 문화적 요소 또는 사물을 연결하여 다음 빈칸을 완성해보세요.

예: 햄버거 없는 미국 사람처럼
______________ 없는 중국 사람처럼
______________ 없는 오스트레일리아 사람처럼
______________ 없는 러시아 사람처럼
______________ 없는 이탈리아 사람처럼
______________ 없는 영국 사람처럼
______________ 없는 아프가니스탄 사람처럼

____________________ 없는 일본 사람처럼
____________________ 없는 포르투갈 사람처럼
____________________ 없는 뉴질랜드 사람처럼
나는 ________________ 없으면 어떻게 해야 할지 모른다.

■ 〔종합하기〕 한 사람씩 큰 소리로 발표하여 빈칸을 채워보세요.

■ 지시사항: 앞의 연습활동에서 언급된 국적과 어떤 사물을 연결하나요? 여러분은 그것에 대해 어떻게 생각하세요?

2단계

■ 지시사항: 유튜브 사이트에 접속하여 검색창에 'Thomas Dutronc Comme un manouche sans guitare'를 입력합니다.

- 그 노래의 가사를 찾아서 들어보세요.
- 2명씩 짝을 지어 노래 가사에서 장소 또는 인물과 관련된 대상을 찾아보세요.

예: Un manouche(떠돌이 집시)/une guitare(기타),
un château(성, 궁, 저택)/La Loire(루아르강) 등

■ 〔종합하기〕 각 조별로 차례대로 조사한 결과를 발표해봅니다.

더 알아보기

■ 지시사항: 여러분의 출신국이나 여러분이 살았던 국가의 문화를 특징지을 수 있는 사물이나 장소의 목록을 만들어보세요.
다른 참가자들에게 사물이나 장소에 대해 왜 중요한지 사진이나 그림을 이용하여 설명하면서 소개해보세요.

다음 단계에서는 참가자들에게 교실의 ‘사물과 장소’와 관련된 목록을 만들어보도록 할 수 있습니다. 우리는 참가자들의 출신국에서 중요한 역할을 하는 사물이나 장소의 목록을 만들 수 있습니다. 왜냐하면 이것들은 사회를 대표하거나 그곳에 사는 사람들과 깊이 연관되어 있기 때문입니다. 예를 들어 프랑스인에게는 ‘접이식 포켓칼’, ‘라바슈키리(La Vache qui rit)의 치즈’ 또는 ‘골루아즈(Gauloise) 담배’ 등이 해당됩니다.

목록은 마치 백과사전의 목록처럼 보일 수 있습니다. 여기에서 사물과 장소는 사진이나 그림과 함께 소개되고, 사진이나 그림의 아랫부분에는 이를 설명하는 객관적인 정보를 덧붙일 수 있습니다.

사물과 관련해서는 크기, 재료, 그것을 찾을 수 있는 장소, 일반적인 사용법 등과 관련된 정보를 제공합니다. 장소와 관련해서는 그것이 있는 곳, 거기에 자주 가는 사람들, 거기서 하는 일 등과 관련된 정보를 제공합니다.

또한, 참가자들은 사물이나 장소와 관련해 개인적인 관계를 보여주는 주관적인 글을 쓸 수도 있습니다. 이 글을 통해 그들은 해당 사물이나 장소가 자신들에게 왜 중요한지를 설명할 수 있습니다.

학습활동 21

A2~B1 이상
45분~여러 시간

여러분의 도시

목표

- 한 도시와 연관된 고정관념 알아보기
- 고정관념의 축소적이고 단순화된 특징 인식하기
- 도시와 관련된 표상 알아보기
- 자신의 도시 소개하기

자료

한 도시를 소개하는 광고 포스터
여기에서 우리는 PUG 사이트(www.pug.fr)에서 다운로드 가능한 비쉬(Vichy)에 관한 포스터를 선택했습니다.

1단계

- 지시사항: 종이에 'Vichy'라는 단어가 무엇을 생각나게 하는지 쓰거나 그려보세요.
  교사는 종이들을 수합하고, 그것을 무작위로 다시 나눠줍니다.
  각 참가자들은 수업시간에 종이에 쓰여 있는 것을 발표합니다.

☞ 주의사항: 파리(Paris) 또는 마르세유(Marseille) 같은 몇몇 도시는 연상할 수 있는 것이 매우 많습니다. 사람들은 또한 참가자들의 출신 도시를 선택할 수도 있습니다.

2단계

선택한 도시의 포스터 소개(여기에서는 Vichy)

- 지시사항: 2명씩 짝을 지어 비쉬라는 도시의 광고 포스터를 관찰해보고(www.pug.fr 사이트 참고), 그것을 설명해보세요.
- 〔종합하기〕 첫 번째 그룹은 자신의 설명을 발표합니다. 다른 그룹은 가능한 한 완벽한 설명을 하기 위해 내용을 보충합니다.
  - 이것은 비쉬를 대표하나요? 어떤 의미에서 그런가요? 이를 확인하기 위해 도시에 대한 정보(역사, 건물, 일반 정보)를 검색할 수 있습니다. www.ville-vichy.fr 또는 Wikipédia 사이트 참고하기.
- 〔종합하기〕 교사는 토론을 반 전체로 활성화시킵니다.
- 지시사항: 여러분이 태어난 도시를 가장 잘 특징짓는 것들의 목록을 만들어보세요.
- 다 같이 해보기. 참가자들은 몇몇 도시를 소개합니다. 만약 몇 사람이 같은 도시 출신이라면, 각 참가자들은 도시의 세 가지 특징직 요소(장소, 건물, 관습 등)를 발표합니다.
- 지시사항: 3명 또는 4명씩 조를 만들어 여러분이 선택한 도시, 출신 도시 또는 다른 참가자의 출신 도시를 소개하기 위해 포스터를 제작해보세요. 슬로건을 선택하는 것을 잊지 마세요.
  - 수업에서 포스터를 소개하고, 포스터에 사용한 요소들에 대해 설명해보세요.

더 알아보기

- 지시사항: 2명씩 짝을 지어 www.rf1.fr 사이트에 접속하세요. 검색창에 'zoom sur Vichy'를 입력하세요. 영상을 시청하고 그 도시에 대해 적어도 10개의 정보를 메모해보세요.

  참가자들은 자신이 조사한 결과를 다음 수업시간에 발표합니다.

■ 지시사항: 여러분의 도시를 소개하기 위해 수업시간에 영상을 만들어보세요. 예를 들어 유튜브처럼 공유사이트에 그 결과물을 게시해 보세요.

학습활동 22

B1~C1 이상
1시간 30분

~하는 방식으로

목표

- 고정관념과 편견을 구별하고 알아보기
- 자민족 중심주의 인식하기
- 자기중심주의를 탈피하는 방법 배우기
- 인종주의에 맞서 싸우기

1단계

- 지시사항: 3명씩 조를 이루어 이웃이나 친구 등 여러분의 주위에 살고 있는 외국인을 아는지 이야기해보세요.
  그/그녀가 어디 출신인지, 무슨 일을 하는지, 당신은 그/그녀와 알고 지내는지, 아닌지를 말해보세요.
- 〔종합하기〕 참가자들은 다른 참가자에게 들은 내용을 발표해보세요.

2단계

- 지시사항: 2명씩 짝을 지어 형용사를 이용해 셍고르(Léopold Sédar Senghor)의 시를 완성해보세요.

Poème à mon frère blanc(백인 형제에게 보내는 시)*

Cher frère blanc	백인 형제에게
Quand je suis né, j'étais noir,	내가 태어났을 때, 나는

Quand j'ai grandi, j'étais ______,	내가 성장했을 때, 나는 ______
Quand je suis au soleil, je suis ______,	내가 태양 아래 있을 때, 나는 ______
Quand je suis malade, je suis ______,	내가 아플 때, 나는 ______
Quand je mourrai, je serai ______	내가 죽을 때, 나는 ______
Tandis que toi, homme blanc,	백인인 너의 경우에는,
Quand tu es né, tu étais ______	네가 태어났을 때, 너는 ______
Quand tu as grandi, tu étais ______	네가 성장했을 때, 너는 ______
Quand tu vas au soleil, tu es ______	네가 태양 아래 가면, 너는 ______
Quand tu as froid, tu es ______	네가 추우면, 너는 ______
Quand tu as peur, tu es ______	네가 두려워하면, 너는 ______
Quand tu es malade, tu es ______	네가 아프면, 너는 ______
Quand tu mourras, tu seras ______	네가 죽으면, 너는 ______
Alors, de nous deux,	그러면 우리 둘 중에서
Qui est ______?	누가 ______인가요?

■ 〔종합하기〕 낭독자를 바꿔가면서 각 행을 큰 소리로 읽어보세요.

■ 'frère noir' 부분과 'le frère blanc'을 특징짓는 형용사를 표로 만들어 보세요.

- 원문 시를 나눠주세요(인터넷에서 쉽게 찾을 수 있음).
- 질문: 시인에 의해 제시된 형용사의 특징은 무엇인가요? 셍고르의 주장은 무엇이라고 생각하나요?

■ 〔종합하기〕 혼자서 또는 2명씩 짝을 지어 활동해보세요. 그런 다음 전체적으로 생각들을 비교해보세요.

더 알아보기

■ 지시사항: 여러분은 텔레비전(TV5 Monde Information/Le JT Afrique)에서 아프리카에 대한 현장보도를 시청했습니다. 그리고 보도에서 본 사람들 중의 한 명에게 다음과 같이 시작하는 편지를 써보세요. "나는 텔레비전에서 당신을 보았고, 당신과 이야기를 하고 싶습니다."

- 여러분이 등장인물의 출신국의 생활에 대해 가진 이미지와 실제로 TV에서 본 것을 비교해보세요(250단어).

---

* Poème à mon frère blanc(백인 형제에게 보내는 시)

Cher frère blanc,	백인 형제에게
Quand je suis né, j'étais noir,	내가 태어났을 때, 나는 까맸어요.
Quand j'ai grandi, j'étais noir,	내가 성장했을 때, 나는 까맸어요.
Quand je suis au soleil, je suis noir,	내가 태양 아래 있을 때, 나는 까맸어요.
Quand je suis malade, je suis noir,	내가 아플 때, 나는 까맸어요.
Quand je mourrai, je serai noir.	내가 죽을 때, 나는 까말 거예요.
Tandis que toi, homme blanc,	백인인 너의 경우에는,
Quand tu es né, tu étais rose,	네가 태어났을 때, 너는 분홍빛이었어요.
Quand tu as grandi, tu étais blanc,	네가 성장했을 때, 너는 하얬었죠.
Quand tu vas au soleil, tu es rouge,	네가 태양 아래 가면, 너는 붉어졌어요.
Quand tu as froid, tu es bleu,	네가 추우면, 너는 파랬어요.
Quand tu as peur, tu es vert,	네가 두려워하면, 너는 푸르게 변했어요.
Quand tu es malade, tu es jaune,	네가 아프면, 너는 노랗게 변했어요.
Quand tu mourras, tu seras gris.	네가 죽으면, 너는 회색빛이 될 거예요.
Alors, de nous deux,	그러면 우리 둘 중에서
Qui est l'homme de couleur?	누가 유색인인가요?

학습활동 23

B1 이상
45분~1시간 30분

상호문화적 팀

목표

- 노동문화의 다양성으로 인한 풍요로움과 어려움 인식하기
- 관점은 매개변수를 수정하면서 바뀔 수 있다는 것 인식하기
- 타인의 문화에 주의 기울이기

1단계

- 지시사항: 4명씩 조를 만들어보세요. 여러분은 국제적 대기업에서 채용 업무를 담당하고 있습니다. 여러분은 다양한 부서에 몇몇 새로운 직원을 채용해야 합니다.
  - 관리부서
  - 비서
  - 생산부장
  - 정보 책임자

  각 부서의 채용 기준은 무엇인가요? 이유는 무엇인가요?
- 〔종합하기〕 제안 기준 논의하기

2단계

- 지시사항: 3명씩 조를 지어 다양한 국적의 사람들이 한 팀에서 더 쉽고 효율적으로 일하기 위해 필요한 10개의 황금률 문서를 작성해보세요.
- 〔함께 해보기 & 논의하기〕 조별로 자신들의 목록을 제시하고, 각 조별로 목록을 완성해보세요. 끝으로, 최종 10개의 규칙을 정해보세요.

더 알아보기

- 논의

  다양한 국적의 사람들이 함께 일할 때, 그 일을 풍요롭게, 복잡하게, 어렵게, 가끔은 불가능하게 하는 것은 무엇인가요?

  - 한 팀에서 의견이 일치한다는 것은 구성원 간의 갈등이 전혀 없다는 것을 의미하나요?
  - 같은 국적의 사람들이지만 사회계층, 출신 지역, 종교관이 다른 사람들이 함께 일할 때, 장단점은 무엇인가요?

- 사례연구

  여러분은 외국의 한 회사에 책임자로 갑니다.

  여러분은 이 새로운 임무를 위해 어떤 준비를 하시겠습니까?

  여러분이 도착해서 가장 먼저 할 행동은 무엇인가요?

- 소그룹으로 논의한 후, 전체적으로 생각을 나눠봅니다.

학습활동 24

A2 이상
45분 이상

지원해보기

목표

- 자기중심 탈피 배우기
- 직업의 문화적 규범 이해하기
- 유럽식 이력서 작성하기

1단계

- 지시사항: 소그룹을 형성하여 이력서에 나타내야 할 요소는 무엇인지 말해보세요. 어떤 중요도 순으로 이들이 소개되나요?
- 〔종합하기〕 샘플 이력서를 제공하여 논의를 활성화시키고, 참가자들의 의견을 비교할 수 있도록 합니다.

2단계

- 지시사항: 소그룹을 형성하여 여러분의 나라에서 채용 면접이 어떻게 이루어지는지 설명해보세요. (예를 들어 사람들은 면접 시작 때 명함을 교환합니다. 후보자들은 질문하는 사람들을 응시해야 합니다. 또는 반대로 시선을 떨어뜨려야 합니다.)
- 소그룹으로 논의한 후, 전체적으로 논의해보세요.
- 지시사항: 2명씩 짝을 지어 다음의 사항과 관련하여 여러분의 나라에서 면접에 성공하기 위한 열 가지 조언을 찾아보세요.

- 도착 시간
- 옷차림
- 인사법
- 당신과 상대방과의 거리
- 발언 시간
- 신상 소개

- 자세, 제스처　　　　　　- 직업 소개
- 시선　　　　　　　　　- 면접 후 태도

■ 〔종합하기〕 언급된 주제와 관련된 의견을 서로 교환하거나, 면접 안내문을 글로 써보세요. 이 안내문은 교사가 수정할 수 있습니다.

더 알아보기

■ 지시사항: 여러분은 이번 여름 프랑스에서 일하기를 원합니다. 다음 사이트(http://europass.cedefop.europa.eu/)를 참고하여 여러분의 실제 또는 가상의 이력서를 작성해보세요.
- 프랑스어 버전을 선택하고, 'Créer votre CV en ligne(온라인 이력서 작성)'를 클릭하세요.
- 온라인으로 이력서를 작성하세요.
- 참가자들은 자신의 이력서를 인쇄합니다. 서로의 이력서를 보완하기 위해 소그룹을 지어 논의해봅니다.
- 교사는 그룹별로 다니면서 참가자들을 도와줍니다.

■ 좋은 이력서와 면접에 성공하기 위해 주어질 수 있는 권고사항에 대해 논의해보세요.

학습활동 25

A2 이상

45분

제스처

목표

- 비언어적 의사소통이 의사소통의 구성요소임을 이해하기
- 제스처에서 문화적 구성요소의 중요성 보여주기
- 제스처가 상호문화적 오해를 야기할 수 있음을 인식하기

자료

PUG 사이트에서 사용 가능한 비디오와 이미지
이미지를 다운로드하거나 프로젝트에 띄우는 것이 가능하고, 참가자들에게 나눠줄 수 있도록 복사하는 것이 가능

1단계

- 지시사항: (조별 활동) 여러분은 다음 동작의 의미를 아세요?
- 가설들을 종합해보기

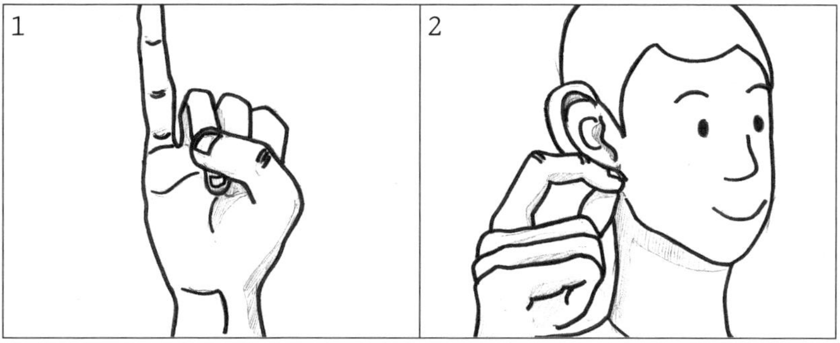

3

4

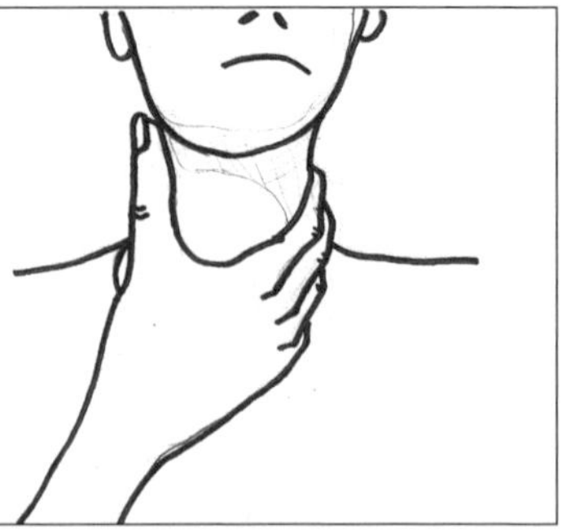

■ 지시사항: 표의 설명을 읽고 해당하는 칸에 제스처의 번호를 적어보세요.*

일반적으로 공유된 의미	동작
• 사우디아라비아에서는 "멍청하군!"을 의미한다. • 서양에서는 '불신'을 의미한다. • 남미에서는 재미있는 뭔가를 볼 때 말하는 방법이다.	
• 북유럽, 특히 스코틀랜드에서는 '불신'을 의미한다. • 그리스와 터키에서는 "조심해!"를 의미한다. • 사우디아라비아에서는 "내가 너를 대신해 대답해야 하니?"라고 물을 때 하는 동작이다.	
• 아랍에서는 누군가의 목을 조르겠다고 위협하는 방법이다. • 뉴기니에서는 자살하고 싶다는 것을 표현하는 동작이다. • 남미에서 이 동작은 방어와 체포된 사람을 위한 감옥을 의미한다.	
• 발리에서는 '좋다'의 반대말이다. • 지중해 연안에서는 '작은 성기'를 의미한다. • 일본에서는 해당하는 한 여성이 한 남성의 여자친구, 동거녀, 부인이라는 사실을 말할 때 사용된다.	

■ 다 함께 결과를 알아보고, 참가자들 간의 답을 비교해보세요.

2단계

■ 지시사항: 일상생활에서 당신은 의미를 이해하지 못하는 동작을 관찰하거나 본 적이 있나요? 그것은 어떤 것이었나요?

■ 〔소그룹별로 토론하고 발표하기〕 문화적 제스처를 설명하기 위해 가능한 가설을 말해보세요.

■ 지시사항: 2인 1조가 되어 프랑스식 표현을 살펴보고, 해당하는 칸에 제스처의 번호를 적어보세요.**

의미	동작	의미	동작
그는 머리가 돌았다.		정말 지겨워! 그만하자!	
설마!		그는 게으르다.	
아무것도 안 한다?		진저리난다!	

이 동작들과 표현들의 의미는 무엇인가요?

■ 함께 해봅니다. 그리고 전체적으로 결과를 논의해봅니다.

더 알아보기

■ 지시사항: 2명씩 짝을 지어 다음의 표현들과 그 의미를 연결하세요.***

a. C'est nul!	1. 형편없어!
b. Pourvu que ça marche!	2. 일이 잘되길!
c. Chut!	3. 쉿!(조용해)
d. Motus et bouche cousue!	4. 비밀이야! 입 밖에 내지 마!
e. Il a un verre dans le nez!	5. 너무 취했어!
f. Alors là!	6. 전혀 상관없어!
g. J'ai les chocottes.	7. 두려워.
h. Va te faire voir!	8. 저리 가! 사라져!
i. La barbe!	9. 그만해! 지겨워!
j. Ras le bol!	10. 지긋지긋해!

a	b	c	d	e	f	g	h	i	j

■ 함께 해보고, 조별로 결과를 비교해봅니다.
→ PUG 사이트에 제시된 제스처 영상을 보면서 여러분의 답변을 확인해보세요.

■ 이러한 제스처들이 여러분의 나라에도 있나요? 만약 그렇다면 그 의미는 무엇인가요?

■ 함께 해봅니다.
→ 연습문제의 정답은 PUG 사이트를 참조하세요.

---

* 3, 2, 4, 1

** 5, 2 / 1, 6 / 3, 4 (첫 행 / 둘째 행 / 셋째 행)

*** 10, 4, 6, 8, 3, 1, 2, 9, 5, 7

학습활동 26

A2 이상

45분

조별 활동

목표

- ■ 다양한 문화들 간의 차이점과 유사점 알아보기
- ■ 오해의 원인 이해하기
- ■ 자신의 문화와 관련된 행동 양식에 대해 의식적 관점 갖기

1단계

- ■ 지시사항: 4명씩 조를 이루어 수업에서 조별 활동이 어려운 이유를 설명해보세요.
- ■ 〔종합하기〕 첫 번째 조가 자신들의 생각을 발표합니다. 다른 조들은 첫 번째 조원의 발언에 코멘트를 하고 보충합니다.
- ■ 〔논의하기〕 조별 활동의 효율성을 향상시키려면 무엇을 해야 할까요?

2단계

- ■ 지시사항: 자신에 대해 성찰하고, 가상의 인물을 상상하면서 다음 설문조사에 답해보세요.

나	나의 가상 인물
나는 실행해야 할 조별 과제가 있다.	그는 실행해야 할 조별 과제가 있다.
• 나는 나의 생각을 강요한다. • 나는 타인의 말에 귀를 기울인다. • 나는 조별 활동을 이용하여 아무것도 하지 않는다.	• 그는 자신의 생각을 강요한다. • 그는 타인의 말에 귀를 기울인다. • 그는 조별 활동을 이용하여 아무것도 하지 않는다.

나	나의 가상 인물
나는 정시에 도착한다.	그는 정시에 도착한다.
• 항상 • 가끔 • 드물게	• 항상 • 가끔 • 드물게
한 사람이 나의 말을 가로막는다.	한 사람이 그의 말을 가로막는다.
• 나는 수락한다. • 나는 그에게 이것은 나를 방해하는 거라고 말한다. • 나는 화를 낸다.	• 그는 수락한다. • 그는 상대에게 이것은 나를 방해하는 거라고 말한다. • 그는 화를 낸다.
나는 규칙이 ...(라고) 생각한다.	그는 규칙이 ...(라고) 생각한다.
• 준수되어야 한다. • 논의될 수 있다. • 어겨질 수 있다.	• 준수되어야 한다. • 논의될 수 있다. • 이겨질 수 있다.
내가 바쁠 때 한 사람이 나에게 말을 건넨다.	그가 바쁠 때 한 사람이 그에게 말을 건넨다.
• 나는 일을 계속하면서 그의 말을 듣는다. • 나는 그의 말을 듣기 위해 일을 멈춘다. • 나는 그의 말을 듣지 않고 일을 계속한다.	• 그는 일을 계속하면서 상대의 말을 듣는다. • 그는 상대의 말을 듣기 위해 일을 멈춘다. • 그는 상대의 말을 듣지 않고 일을 계속한다.

나	나의 가상 인물
한 사람이 나에게 자신의 사생활에 문제가 있다고 말한다.	한 사람이 그에게 자신의 사생활에 문제가 있다고 말한다.
• 나는 그의 말을 듣고, 그를 돕는다. • 나는 불편해한다. • 나는 그에게 다른 사람에게 말하라고 조언해준다.	• 그는 상대의 말을 듣고, 그를 돕는다. • 그는 불편해한다. • 그는 상대에게 다른 사람에게 말하라고 조언해준다.

- 여러분은 가상의 인물과 같은 회사에서 일합니다. 여러분은 오해, 즉 갈등을 피하기 위해 무엇을 조심해야 하나요?

■ 〔종합하기〕 자기평가표에서 제안된 각 항목을 이용하여 전체적으로 논의를 다시 해보세요.

■ 지시사항: 3명씩 조를 이루어 사람들이 '오해'라고 부르는 것에 대한 완벽한 정의를 내려보세요. 한 가지 또는 두 가지 예를 들어보세요. 오해를 피하기 위한 5개의 조언을 해보세요.

더 알아보기

〔사례 연구〕

■ 지시사항: 소그룹을 만들어 다음 경우에 여러분은 어떤 태도를 취할지 말해보세요.

- 여러분이 속한 팀의 두 사람이 갈등을 보인다.
- 여러분은 팀원 중 한 명과 갈등을 겪고 있다.
- 팀원 중 한 명이 집단에서 소외되었다.
- 팀원 중 한 명이 집단을 지배하고, 자신의 생각을 강요한다.

3부
상호문화적 만남으로서의 학교 교류

1장 학교 교류

2장 여행 일지

3장 여행에서 돌아오기

"여행은 무엇보다 우리의 습관, 신념을 혼란케 하는 타인과의 만남이다. 여행은 우리의 세계관을 뒤엎는 세계에 직면했을 때 겪는 시각적 충격이다. 또 여행은 내적이고 무의식적인 이방인처럼 그때까지 우리 속에 감춰져 있던 다른 정체성을 보여주는 자기발견이다."

프랑크 미셸(Frank Michel)

연령이나 상황에 관계없이 목표어를 말하는 국가에서 여행을 하거나 교류하고, 한 집단과의 관계를 형성하고, 다른 국적의 참가자들과 공동의 결과물을 만드는 것은 학습에 의미를 부여하는 '집단 수업을 위한 하나의 프로젝트'에 대한 정의라고 할 수 있다.

오늘날 언어 학습에서는 수많은 형태의 교류가 가능하다. 편지로 연락하는 전통적인 해외 '펜팔'은 인터넷, 블로그, 여러 나라의 학교에서 교류 프로젝트로 대체되었다. 그러나 타 언어를 배우는 학생들의 상호 방문에 기초한 학교 교류는 학습자들 간 만남의 최고 매개체 중의 하나로 남아 있다. 왜냐하면 이것은 직접적·경험적 관계에 기초하기 때문이다. 학습자들은 실제 상황에서 그들의 지식과 기술을 사용할 수 있을 것이다. 그들은 온전한 사회적 행위자가 되고, 상대방과 개인적이고 우호적인, 그리고 종종 지속적인 관계를 만들어간다. 경험은 또 다른 문화를 체험하고, 그것을 관찰하고, 그들 자신의 고유한 반응을 관찰하고, 선입견에 대해 생각해보게 한다.

성인들에게는 같은 원칙에 따라 조직될 수 있는 다른 형태의 교류들이 있다. 이것은 다른 나라로의 여행 준비와 조직, 외국 공동체 구성원들과의 실제적인 만남, 생활 장소의 발견, 그리고 온라인 교류, 재회, 토론에 의한 삶의 경험을 다시 한번 생각해보게 한다. 예를 들어 자매도시, 여러 나라의 동호회, 직업이나 취미 단체들 간에 조직된 여행뿐만 아니라 다양한 국적의 구성원들로 이루어진 국제적 프로젝트도 있다.

1장 학교 교류

"세상은 우리가 내딛는 발걸음마다
한 페이지를 열어주는 한 권의 책이다."

드 라마르틴(Al. de Lamartine)

학교 교류를 준비하고 성공하기 위해서는 교육적 프로젝트를 정의하고, 언어적, 문화적 그리고 상호문화적 목표를 설정해야 한다. 상호교류만으로는 충분하지 않으며, 그 내용을 잘 설정해야 한다. 교사는 여행의 교육적, 조직적, 기술적 그리고 재정적 측면을 고려해야 한다.

1. 왜 이런 교류를 해야 하는가?

교류의 첫 번째 목적은 내적 목표, 다시 말해 그 자체로 학급 전체의 응집력을 강화하는 것이다. 이것은 학생들이 교실을 떠나 학습 언어를 사용하는 실제 화자와 직접적이고 비교적 오랫동안 접촉하고, 다른 삶의 방법을 경험하고 자기중심에서 벗어나게 하는 좋은 기회이자 집단적 프로젝트이다.

몇몇 학습자들에게 이 여행은 가족의 울타리를 벗어나는 첫 번째 경험이 될 수 있다. 그래서 이 여행은 그들에게 개인적·사회적 생활에서 중요한 순간이고, 자신을 더 자율적으로 만들어주며, 학습 언어에 대한 진정한 관심을 불러일으키는 건설적 경험이다. 따라서 목표 언어는 감정, 장소, 만남, 개인적·집단적 경험과 관련되어 있다.

결국, 교류는 참가자들 자신과 여행에서 만난 사람들 간의 지속적 관계를 만들어줄 수 있다. 교육적 관심의 중심은 결국 인간이다.

2. 누가?

교류를 조직하기 위해 선호되는 목표 대상은 공통의 학습 언어를 가진 교육기관의 학생들이다. 프랑스에서는 프랑스 국내나 프랑코포니 국가에서 체류하는 프로그램을 기획한다. 교류의 조직과 실행을 촉진하기 위해 교사-조직자 이외에 관리를 위해 다른 사람들 — 다른 교사들 그리고/또는 행정직원, 학생들 — 을 연계시키는 것이 더 나을 수 있다. 학교 행정의 지원을 받는 일은 매우 중요하다. 이를 위해서는 글로벌 교육 프로젝트를 구상하는 것도 매우 유용하다.

3. 어떤 형태의 교류 또는 여행인가?

여행은 자매결연의 일환으로 교류나 발견의 계기가 될 수 있다.

- 발견의 여행은 전문 기관(여행안내소, 여행사 또는 언어학교)이나 교사에 의해 전반적으로 기획되고 공동으로 조직된 여행일 수 있다. 이것은 여러 가지 활동을 포함할 수 있다. 이 활동은 문화적 발견, 언어수업 또는 구체적 프로젝트(설문조사, 영상 제작, 공연 발표 등)의

실현에 초점을 맞출 수 있다.

- 자매결연의 일환으로서의 교류는 외국 학교와 함께 이루어진다. 이 교류는 일반적으로 참가하는 학생의 나라에 외국 학생이 방문하는 경우와 비슷하게 이루어진다. 오래 지속되는 교류를 마련해야 하고, 단순한 수학여행으로 그쳐서는 안 된다. 외국 여행은 평균 1~2주 정도로 가변적이다.

교육 프로젝트는 다양한 형태를 띨 수 있고, 이 형태는 다음과 같이 구성될 수 있다.

- 일반 가정에서의 숙박(홈스테이)은 그 나라에 적응하는 것과 일상생활의 이해를 도와준다.
- 어학센터에서의 집중적인 언어 교육
- 각 국가의 두 집단, 즉 프랑스에서의 외국인 집단과 외국에서의 프랑스인 집단의 이야기와 관련된 최종 여행 보고서 작성
- 돌아와서 상호문화적 박물관을 만들기 위한 목적 여행

4. 교육적 준비

여행에 앞서 교실 전체 학습자가 여행의 주제에 대해 논의해보는 것은 흥미롭다. 예를 들어 만화(〈티베트에 간 땡땡(Tintin au Tibet)〉, 〈코르토 말테즈 — 비밀의 정원(Corto Maltese)〉, 〈바람의 나그네들(Les passagers du vent)〉 등), 샹송(베르나르 라빌리에(Bernard Lavilliers)의 〈방랑자(Voyageur)〉, 샤를 아즈나부르(Charles Aznavour)의 〈나는 여행한다(Je voyage)〉, 릴리컵(Lilicub)의 〈이탈리아 여행(Voyage en Italie)〉 등), 여행 전용 웹사이트(www.jiraidormirchezvous.com, www.routard.com 등), 텔레비전 방

송 또는 문학 텍스트(예를 들면 보들레르(Baudelaire)의 〈여행으로의 초대(L'invitation au voyage)〉) 같은 다양한 자료를 사용하면서 말이다. 여행의 주제는 여행의 동기, 여행자들이 한 경험, 여행자들이 여행을 통해 배우는 것, 그리고 방문한 나라에 대한 관념 또는 표상 등에 대해 생각해보게 한다. 교류여행은 개인적이고 교육적인 여정으로 간주하는 것이 중요하다.

이제 본격적인 프로젝트의 구상이 시작될 수 있는데, 우리는 여기에서 일곱 단계를 제안하기로 하겠다.

■ 1단계: 프로젝트 준비하기

목표 문화의 관찰 항목을 정하기 위해 비교하는 학습을 하면서 프로젝트를 준비한다. (예: 여행 일지나 블로그)

방문국에서 수집한 구체적 자료는 일상 수업에서 이미 배운 정보를 보충해줌으로써 타문화의 첫 번째 접근을 가능하게 한다.

학습자는 하나 또는 여러 개의 자료를 관찰하고, 기술하고, 비교해보아야 한다. 자료로는 영화, 라디오나 텔레비전 방송, 광고, 신문, 여론조사, 통계, 방문 국가에 대한 사실적 지식 같은 참고자료, 일상생활의 사물 또는 블로그 등이 포함된다.

학습자들은 방문 장소와 만나기로 예정된 사람에 대한 최대한의 정보를 수집해야 한다. 이 단계에서 사람들은 문화적 차이는 출신 국적에만 관련된 것이 아니라 나이, 사회계층, 개인적 경험, 미디어 사용, 자료의 기능(예를 들어, 하나의 광고가 여러 나라에서 다르게 이해될 수 있다) 같은 다른 요인이 개입된다는 것을 이해해야 한다.

■ 2단계: 파트너 찾기

파트너 찾기는 다양한 조직의 도움으로 이루어질 수 있다. 예를 들어 이트위닝(eTwinning) 유럽활동, 자매결연을 맺은 시청, 관련 지역에 파견된 대사 또는 영사, 심포지엄에서의 교사협회의 광고 등이다. 프랑스에 대한 정보는 인터넷상의 '교육청 주소 → 국제란 → 여기'에서 협력관계를 요청하기 위한 양식을 내려받을 수 있다. 또는 프랑스-독일 청소년사무국(OFAJ)에 도움을 요청할 수도 있다. 때때로 모국어, 학교 제도에 없거나 익숙하지 않은 언어의 학습 상대를 찾는 것은 어려울 수도 있다. 이런 경우 공용어를 선택하고 2개 국가에서 공통된 생활방식을 찾아 자료를 만드는 상호문화적 사업을 추진해볼 수 있다. 그렇지만 사람들은 적어도 상대 언어의 초급 수준 정도는 예상할 것이다.

■ 3단계: 파트너와 교육 프로젝트 만들기

프로젝트는 학습자와 직접 협력하여 정할 수 있다. 이와 같은 공동의 결정과 협력단계는 프로젝트의 좋은 성과를 위해 중요하다. 프로젝트는 모든 관계자와 파트너들과의 긴밀한 공동 프로젝트여야 한다. 그렇지 않으면 오해는 갈등을 일으키고, 결국 타인의 거부와 같은 목표했던 것과는 정반대의 결과를 초래할 수 있다. 이런 실패는 프로젝트에 대한 잘못된 계획과 결정 때문임에도 불구하고 상대방 탓으로 돌려질 수 있다.

여기에서 중요한 것은 기대 목표와 예상 결과를 정하는 것이다. 어떤 집단적 결과물이 만들어져야 하는가? 어떤 형태로 이루어져야 하는가? (예: 여행 일지, 블로그, 전시회 등) 여행을 위해 어떤 대화가 이루어져야 하는가? 누구에 의해? 어떻게? 학습자들과 상대방이 공동의 프로젝트를 인정하는 것은 중요하다. 이를 위해 가장 좋은 방법은 기준 자료를 작성해보는 것이다.

■ 4단계: 프로젝트의 예산 확보하기

이 단계에서는 다양한 방법이 고려될 수 있는데, 이는 그 자체로 프로젝트의 한 부분을 구성할 수 있다.

비용은 여행을 시작하기 전에 여러 번에 나눠서 적은 액수로 지급될 수 있다. 부모나 친구들이 참석하는 축제나 공연을 기획할 수 있다. 이때 부모나 친구들은 자발적으로 조건 없이 재정적 도움을 줄 수 있다.

크리스마스 즈음에 상점에서 선물 포장을 하는 것과 같은 다양한 행사를 기획할 수 있다.

■ 5단계: 파트너와 프로젝트의 평가표 만들기

■ 6단계: 여행의 예비 모임 개최하기
출발 직전에 교환의 목적, 예상 결과와 업무 분담을 명확하게 상기한다.

■ 7단계: 학교에서 행사를 조직하고 계획하기
비디오, 여행 일지, 전시회 등의 여행 자료와 결과를 발표한다.

교육적 프로젝트를 실현하려면 원격 협조가 필요하다. 그래서 교육에서 정보와 의사소통 기술(TICE, Technologies de l'information et de la communication dans l'enseignement)은 프로젝트의 이해와 실현에서 결정적인 역할을 한다. 교류의 준비단계에서 사람들은 이메일 주소를 교환하고, 블로그를 만들 수 있다. 이는 미래의 파트너에 대한 일상생활과 정보를 얻을 수 있게 해준다.

인터넷 활동은 학습자들에게 그들의 펜팔 상대와 첫 번째 연락을 하고 만남을 용이하게 해줄 것이다. 그래서 처음에는 서로 이동 없이 국경을 넘을 수 있다. 이것은 타인이 속한 환경으로의 점진적 접근이고, 또한 타문화에 대해 더욱 자율적인 학습자가 되는 것을 목표로 하는 방식이다. 학습자는 상대방의 이미지와 정보를 얻기 위해 단서를 모으는 조사원이 될 수 있다. 이런 교류가 목표어로 이루어지면서 참가자들은 진정한 교류를 한다. 우리는 더 이상 시뮬레이션을 하는 것이 아니라, 실제적 관계를 만들어가고 있다. 글쓰기는 더 이상 학교의 강요에 의해서가 아니라 의사소통의 실제 매개체로서 이해된다.

2장 여행 일지

"여행 일지는 우리의 눈앞에서 펼쳐지는 세계와
우리의 머릿속에서 일어나는 세계와의 일상적 대조를 이룬다."

리브(Ch. Reeve)

여행 일지는 매우 오래된 방식이다. 지리적 발견(마르코 폴로의 비단길, 콜럼버스의 아메리카 대륙 발견)과 예술(괴테의 그랜드 투어, 고갱의 타히티 섬, 막심 뒤 캉의 사진들), 그리고 민족적·인류학적(레비스트로스) 연구에 이르기까지 모든 '탐험 여행가'는 그들이 횡단한 국가와 사람들에 대해 관심이 있었고, 그림, 증언, 선상일지 등의 다양한 형태로 그들의 여정을 기록했다.

여행 일지에 대해 아르고(P. Argod)는 다음과 같이 설명했다. "여행 이야기라는 장르는 '길', 다시 말해 여정, 경로, 여행을 강조하는 '노자 문학'이라는 표현으로 이어져왔다."(Argod, 2005, p. 125)

교육학에서 다양한 형태의 여행 일지는 매우 흥미롭게 사용될 수 있다. 여기에 몇몇 예시가 있다.

- 그림 일지: 학습자는 자신의 추억이나 소감 등을 소묘, 스케치, 그림 등으로 나타낼 수 있다. 그리고 목표어로 자신의 설명을 덧붙일 수 있다.
- 문학 일지: 그림과 쓰기가 함께 사용되고 서로 보완되는 일종의 일기 형태로, 문학 발췌문이 인용될 수 있다. 수업에서 공부한 인용문은 여러 사람들과 논의의 대상이 될 수 있다.

예를 들어 프랑스 문화의 몇몇 장면을 삽화로 넣은 뒤부아(J-P Dubois)의 《프랑스적인 삶》이나 클라크(S. Clarke)의 《신은 프랑스를 지킨다》의 발췌문을 공부할 수 있다.

- 생활 일지: 여행을 하면서 체계적으로 수집한 일상적 요소들의 사진이나 버스표, 공연티켓, 지도, 광고지 등의 콜라주로 구성된다. 학생들이 일상생활의 흔적을 모으고 돌아와서도 생생한 여정을 떠올리게 해주는 방법이다.
- 문화 여행 일지 '예술사': 역사적 사실, 기념물의 사진과 문화적 장소, 방문 안내서 등은 일지를 통해 이루어진다.
- 감각 일지: 이 일지를 작성하기 위해 선택된 관점은 다섯 가지 감각이다. 학생들은 자신의 이야기를 만들기 위해 다음과 같은 다섯 가지의 감각을 지속적으로 통합시킨다.
  - 청각(소리와 일상의 소음, 사람들이 대화할 때 내는 소리의 크기 등)
  - 후각(길에서의 냄새, 향수, 좋은 향기 또는 불쾌한 냄새 등)
  - 시각(건축물, 표지판, 놀라게 하거나 충격을 주거나 매력적이거나 유혹하는 사물, 사람들 간 거리의 규칙, 아파트나 주택 같은 한 공간에서 볼 수 있는 사물의 목록)
  - 미각(맛, 음식, 질감: 부드럽고, 단단하고, 감미롭고, 끈적거리고, 시큼하고, 시거나, 단것, 짠것 등)

- 촉각(가까이 또는 멀리 있는 사람, 관찰된 모든 신체 접촉을 목록화하기: 비쥬, 악수, 등 두드리기 등)

여행 일지는 타문화에 대한 개방과 규범 안내서, 교육 자료와 표현의 수단이다. 여행 일지는 개인의 증언을 이야기하고, 주관적으로 글을 쓰게 하고, 관찰한 환경을 의식적으로 바라보게 한다. 중요한 것은 여정을 차례대로 따라가는 것인데, 이 여정은 한편으로는 학습자에게 문화적 차이나 유사점, 타인과의 만남과 이해를 생각해보게 하고, 다른 한편으로는 자신의 일지에서 체계적으로 관찰을 기록하게 한다. 학습자는 쓰기, 사진, 그림, 콜라주 등 다양한 표현의 형태를 통해 자신의 추억, 자신이 받은 감명과 느낌의 연출가가 된다. 이것은 학습자들에게 특히 언어수업을 통해 습득한 기술, 태도 그리고 학습력을 실행할 수 있는 기회가 된다.

좀 더 새로운 기술을 지향하는 집단은 Didapage(전자책, 텍스트, 그림, 오디오와 비디오를 통합하는 멀티미디어 자료) 같은 무료 소프트웨어를 활용할 수 있다. 이런 방법으로 만들어진 가상의 전자 여행 일지는 블로그나 학교 인터넷 사이트에 공개할 수 있다. 이런 형태의 집단적 일지는 집단의 가치를 더 높여준다. 학습자들은 이를 실행하면서 비디오나 문서 만들기, 사진 찍고 선택하기 및 인터넷에 입력하기 등을 배워야 한다. 여기에서 선택은 다른 학습자들과의 협상을 필요로 하는데, 이는 학생들에게 사용한 자료와 실제 경험에 대해 성찰해볼 수 있는 계기가 된다. 이 모든 것은 경험의 증거로써 블로그나 학교 공식 사이트에 게시될 수 있다.

3장 여행에서 돌아오기

"내가 여행에서 좋아하는 것은 돌아왔을 때의 놀람이다."

스탕달(Stendhal)

여행에서 돌아오는 것은 하나의 연속으로 여겨져야 한다. 인터넷을 통해 사진, 영상 교환 같은 활동을 지속적으로 하는 것이 좋다. 청소년들이 소셜네트워크, 채팅이나 블로그를 통해 소통을 지속하는 것은 쉬운 일이다.

이때는 타문화에 대한 인식이 바뀌었는지 아닌지, 타인 덕분에 학습자가 풍요로워졌는지, 그리고 자신의 원래 문화를 성찰해보게 되었는지를 확인할 수 있다. 이를 위해 다음과 같은 성찰의 단계를 실행해볼 수 있다. 즉, 공통의 경험에 대해 종합적으로 검토하기, 다양한 여행의 단계 이야기하기, 쉽거나 열정적이거나 복잡하거나 또한 실망을 준 것이 무엇인지에 대해 생각해보기 등이다.

마찬가지로 학습자들은 그들 스스로 자신의 부모, 친척, 친구들에게 문화 전달자가 된다. 그들은 자신의 여행과 경험을 이야기할 것이다. 경험을 살펴보고 소개하는 방식에 대한 그들의 성찰과 체험의 특징은 다시 상호문화성을 위한 전달의 매개체가 될 수 있다.

교류에 대한 실제 발표는 준비 단계부터 예고되고 계획되었다. 따라서 학습자들은 다음과 같은 다양한 형태의 발표를 할 수 있다.

- 여행 도중에 모은 사물이나 사진을 활용하여 '상호문화 박물관' 같은 상호문화적 전시회를 연다.
- 부모님을 초대해서, 여행에서 가장 좋았던 순간을 비디오로 편집하여 소개하거나 전자 여행 일지로 소개한다. (부모님은 의사소통의 대상이 될 수 있다. 아마도 그들은 지원을 통해 여행의 기획에 참여했을 것이다. 그들은 그들이 지원한 결과를 보기 위해 초대될 수 있다)
- 다양한 여행 일지를 전시한다. 수업시간에 양측 학교 학생들의 여행 일지를 보여준다면, 서로 다른 관점을 확인할 수 있을 것이다.
- 향신료나 각 나라에서 녹음된 소리 등 감각적 자료를 활용하여 전시회를 연다.
- 촌극과 사진이 있는 경험담을 섞어서 작은 공연을 만든다.

의사소통은 직접적인 교류 참가자와 그들 부모님의 범위를 넘어서서 학교 전체로 확대된다. 이런 경우 프랑스어는 발견과 공유의 메시지에 중심을 둔 의사소통용 언어가 된다. 프로젝트는 다른 학생들, 학교와 가족들의 언어 향상에 기여할 수 있다.

이런 교류 프로그램에 참가할 기회를 갖지 못하지만, 다른 언어-문화를 발견하고자 하는 사람들이 편지를 통해 상대방과 접촉하는 시대는 이미 지나갔다. 이제는 http://ipfpenfriends.com 또는 http://postcrossing.com 이라는 사이트에서 등록하는 것이 가능해졌다. 이 사이트는 상대방과 최초의 접촉을 할 수 있도록 해준다. 1967년에 생겨난 IPF(International pen friends)는 여전히 성공을 거두고 있다. 실제로 2005년 7월 포르투갈인 파울루 마젤란(Paulo Magalháes)이 포스트크로싱(postcrossing)을 발명하면서 이런 발상을 재개했고, 모르는 사람에게 엽서를 보냄으로써 전 세계의 인터넷 이용자에게 의견을 교류하자고 제안했다.

비슷한 또 다른 사이트로는 http://www.slf.ruhr-uni-bochum.de/가 있다. 이것은 같은 학습 언어를 가진 두 사람에게 교류하기를 제안했다.

http://www.mylanguageexchange.com 등의 사이트에서는 여러 언어를 사용할 수 있다. 이 사이트는 인터넷을 통해 친구를 찾고 교류하도록 해준다. 끝으로 http://www.correspondancefranco.net/hautevit/indexhv.php에서는 프랑코포니 친구들을 찾을 수 있다.

요약하기

▶ 학교 교류는 자매도시와의 교류, 발견의 여행이나 국제적 만남의 준비 같은 다른 상황에서 모방될 수 있는 상호문화적 발견의 중요한 예시이다. 여기서 중요한 것은 성찰을 해보게 하는 실제적 경험이다. 이 교류를 성공적으로 이끌기 위해 교사와 학습자는 능동적으로 협력해야 하고, 두 학교가 구체적인 교육 프로젝트에 연계되어야 한다.

▶ 다양한 프로젝트는 만남의 지속적 흔적을 보존하고, 교류하는 상대방의 문화에 대해 갖는 관점을 성찰할 수 있도록 한다. 개인적 영역에서 또는 교육 장소에서 발표되는 여행 일지나 한 장소에 대해 모은 자료 모음집이 그 예이다.

▶ 여행에서 돌아온 학습자들은 그들의 경험을 좀 더 널리 알리고 공동체에 봉사하기 위해 전시회나 공식적 발표 형태의 대규모 발표회를 기획할 수 있다.

학습활동 27

A2 이상

여러 시간

준비하기

목표

- 다른 문화와의 만남 준비하기
- 교차된 관점 학습하기
- 자기중심 탈피 배우기
- 원거리에서 협력하기

1단계

- 지시사항: 방문한 국가 또는 도시에 대해 최대한의 정보와 자료를 수집하세요. 이 자료들 중 하나를 교실에서 소개해보세요.

2단계

- 지시사항: 만남에서 타인에게 흥미로운 것은 우선 자신의 환경과 생활방식을 소개하는 것입니다. 또한 여러분에 대해 몇 가지를 소개해야 합니다. 소그룹을 형성하여 여러분이 전달하고자 하는 주제를 목록으로 만들어보세요.
- 〔종합하기〕 전체적으로 하나의 목록을 만들어보세요.
- 지시사항: 소그룹을 형성하여 목표어(프랑스어)로 다음 주제를 발표해보세요.
  - 여러분의 가족을 소개해보세요.
  - 여러분의 나라에서 전형적인 하루를 이야기해보세요. 사람들은 아침, 점심, 오후, 저녁에 무엇을 하나요?
  - 자신의 취미를 상세히 소개해보세요. 무엇을, 어디에서, 언제, 누구

와 함께 그 활동을 하나요?
- 여러분의 나라에서 특별한 요리는 무엇인가요?
- 1년 중 큰 축제는 어떤 것이 있나요? 사람들은 그날 무엇을 하나요?
- 여러분의 도시를 소개해보세요. (예: 인구수, 지리적 상황, 기념물, 경제상황 등)

■ 〔종합하기〕 각각의 참가자들은 자신이 선택한 주제를 소개해봅니다.

더 알아보기

■ 지시사항: 여럿이 수용국의 사람들에게 질문할 목록(일상생활, 가족 등)을 만들어보세요.

■ 〔종합하기〕 인터넷에서 알게 된 다른 국가의 사람에게 준비한 질문을 해봅니다. 상대방에게 받은 답변을 모아서 보고서를 작성해봅니다.

■ 질문: 상대방의 답변으로 그들의 문화에 대한 여러분의 관점이 바뀌었나요? 여러분은 무엇을 배웠나요?

학습활동 28

B2 이상

45분

여행자

목표

- 여행 목표 결정하기
- 여행의 동기 알아보기
- 자신의 관점을 상대화하는 법 배우기

1단계

- 지시사항: 소그룹을 형성하여 자신이 방문한 나라의 목록을 만들고 경험을 이야기해보세요.
- 〔종합하기〕 각 그룹의 참가자들은 수업에서 차례대로 자신의 경험을 간단히 발표해보세요.

2단계

- 지시사항: 2명이 짝을 지어 만날 수 있는 여행자들의 다양한 형태를 목록으로 만들어보세요. (예: 관광객)
- 〔종합하기〕 관광객 – 모험가 – 사업 여행자 – 세계 관광여행자 – 미식가 – 탐험가 – 민속학자 등
- 지시사항: 여행자들의 분류에 따라 그들이 추구하는 여행의 목표를 정의해보세요. 여러분은 어떤 스타일의 여행자를 선호하나요?

더 알아보기

- 지시사항: '왜 여행을 하나요?'라는 주제로 약 300단어의 글을 작성해보세요. 여러분의 관점에 대한 논거를 제시하고, 구체적인 예를 제

시하면서 여행의 개념을 설명해보세요. (교사는 글을 수정할 수 있습니다.)

- 지시사항: 여러분은 어떤 여행자의 프로필에 해당하는지 알아보세요. 다음 사이트(http://fr.canada.travel.types-devoyageurs)에 가서 '당신은 어떤 형태의 여행자인가요?'라는 설문지에 답해보세요.

A2 이상

45분 이상

학습활동 29

교차된 관점

목표

- 교차된 관점에 대해 학습하기
- 객관적 관찰에 대한 정의하기를 배우기
- 다른 사람을 접하는 자신의 고유한 방식과 자기 자신에 대해 되돌아보기
- 상호문화적 만남의 장애물 인식하기
- 만남의 어려움 극복하기를 배우기

1단계

- 학급 전체를 세 그룹으로 나누세요.
- 세 번째 그룹은 칠판에 등을 대고 돌아서세요.
- 칠판에 이미지(약간 추상적)를 보여주거나 투사해보세요. 첫 번째와 두 번째 그룹은 이미지를 보고, 세 번째 그룹은 이미지를 보지 않습니다. 약 20초 동안 이미지를 보여준 다음 그 이미지를 숨기세요.
- 1번 그룹의 구성원에 대한 지시사항: 3번 그룹에서 한 명을 골라 여러분이 본 이미지를 2분간 그에게 설명해보세요. 2번 그룹은 듣지 않습니다. 2분 후, 2번 그룹에 속한 한 사람은 3번 그룹에 속한 사람을 선택하여 자신이 본 것을 2분 동안 설명합니다. 이때, 1번 그룹은 말을 하지 않습니다. 3번 그룹의 구성원에게 1번 그룹과 2번 그룹이 한 설명이 일치하는지 물어봅니다.
- 〔B1 수준 이상〕 질문: 모든 사람이 같은 것을 보나요? 보는 방식에 영향을 주는 것은 무엇인가요?

2단계

학습자의 나라와 방문한 나라의 일간지 1면에 실린 내용에 대해 4회의 수업을 계획해보세요. 일간지에서 2개 또는 3개의 제목을 선택하세요. 신문의 1면은 인터넷으로 쉽게 다운로드할 수 있습니다.

■ 지시사항: 신문의 1면을 분석해보세요.
- 다뤄진 주제는 무엇인가요?
- 가장 크게 다루고 있는 사건은 무엇인가요?
- 모든 신문에서 공통으로 다루는 주제는 무엇인가요?
- 단 하나의 신문에서만 다뤄진 주제는 무엇인가요?
- 어떤 사진이 보이나요?
- 만약 사진이 보인다면, 광고에서 어떤 제품이 소개되었나요?
- 4회의 수업 후 모든 신문의 1면에서 공통점을 찾는 것이 가능한지 참가자에게 물어보세요.

■ 지시사항: 1면들 간의 공통점과 차이점은 무엇인가요?
참가자들에게 여행 시 매일 지역신문의 헤드라인을 메모하라고 요청해보세요.

더 알아보기

■ 지시사항: 소그룹을 형성하여 다음 질문에 대한 의견을 교환해보세요.
- 왜 종종 다른 사람을 이해하는 것이 어려운가요?
- 이해를 쉽게 하는 것 또는 어렵게 하는 것은 무엇인가요?
- 두 사람 간의 이해를 쉽게 하기 위해 무엇을 해야 하나요?
- 사람들이 무언가를 이해하지 못한다면 어떻게 해야 하나요?
- 여행을 최대한 활용하기 위해서는 무엇을 해야 하나요?

■ 소그룹별로 논의한 후, 전체적으로 이야기해봅니다.

학습활동 30

모든 수준

여행 중의 반나절

지역 경주

목표

- 여행 참가자들을 적극적으로 만들기
- 방문한 장소에 대한 정보와 사물 모으기
- 원주민과 접촉하기를 권장하기
- 자신의 지식을 분배하거나 공유하기

1단계

- 지시사항: 사람들은 여행에서 무엇을 가져올 수 있나요?
- 〔전체적으로 함께 해보기〕 제안된 아이디어를 모두 메모합니다.

2단계

반나절 간 진행되는 지역 경주를 조직해보세요. 원칙은 간단합니다. 제한된 시간 내에 정보와 사물을 수집해보세요.
모든 학생들이 방문한 도시의 지도를 갖고 있는지 확인하세요.

- 지시사항: 3명씩 조를 이루어 2시간 동안 다음 정보와 사물을 모아보세요.
  - 도시 기념물의 사진이 있는 우편엽서
  - 도시 이미지가 있는 자석
  - 자신의 나라에도 있는 프랑스산 제품의 포장지
  - 도시 공원에 있는 약간의 조약돌이나 흙
  - 도시에서 유명한 사람의 이름

- 도시 시장의 이름
- 도시 기념물에 관한 네 가지 다른 정보
- 우체국 문 여는 시간
- 제과점 문 여는 시간
- 가판대에서 파는 신문이나 잡지의 이름 세 가지
- 광고게시판에 소개된 상품 이름 세 가지
- 도시에서 상영하는 공연이나 영화의 제목

약속은 2시간 후 한 장소에서 이루어집니다. 거기에서 사람들은 종합적으로 랠리를 검토합니다. 사람들은 모든 것을 찾는 데 성공했나요?

더 알아보기

■ 여행에서 돌아오면, 이들 정보는 여행 일지나 상호문화적 박물관에 통합될 수 있습니다. (31번, 33번 학습활동 참조)

학습활동 31

B1 이상

하루에 몇 분씩

여행 일지

목표

- 여행 일지를 만들기 위해 정보 수집하기
- 다른 나라에서 일상생활에 접해보기
- 문화충격 인식하기
- 자기중심 탈피 촉진하기

1단계

- 지시사항: 소그룹을 형성하여 여행 일지가 무엇인지, 사람들이 그 안에서 찾을 수 있는 것이 무엇인지 정해보세요. 이것을 어떻게 조직할 수 있을까요?
  수업에서는 모든 일지들 간의 조화를 이루기 위해 어떤 항목이 일지에 들어가야 하는지를 결정해야 합니다. (예: 만난 사람, 방문 장소, 맛본 음식 등)

2단계

교사는 학생들에게 다음의 지시사항을 제안합니다.

- 여러분의 일지에 시간대별로 규칙적으로 메모하세요.
- 객관적 관찰 (예: "가족과 함께 저녁 8시에 식사를 한다")
- 주관적 관찰 (예: "오늘 나는 감기가 걸려서 도시 박물관 관람을 별로 즐기지 못했다")
- 긍정적·부정적 경험: 기쁨, 놀람, 아쉬움, 부러움, 실망 등 (예: "오

늘 나는 버스카드를 잃어버렸다", "오늘 나는 한 음악가와 대화를 했다")

여행의 증거자료와 흔적들을 모으세요. 그림을 그리세요. 사진을 찍으세요. 여러분의 여행을 설명하는 비디오를 찍어보세요. 여러분의 일지나 봉투에 자료들을 보관하세요.

더 알아보기

- 여행에서 돌아와 혼자 또는 여러 명이 함께 여행 일지를 만들어보세요.
- 만약 인터넷에 접속할 수 있다면, 참가자들은 자신들의 경험과 다양한 자료를 매일 제공하는 블로그 형태의 가상 여행 일지를 만들 수 있습니다.
- 예를 들어 2011년 봄, 비쉬(Vichy)에 있는 카빌람(Cavilam) 어학원 체류 동안에 미국 바하버(Bar Harbor)의 애틀랜타 대학(College of the Atlantic) 학생들과 두 명의 여교사는 다음과 같은 온라인 여행 일지 블로그를 만들었습니다. 여러분은 다음 주소에서 그것을 찾아볼 수 있습니다. http://www.humjournal.com/vichy
- 가장 예쁘거나 색다른 장면의 사진을 찍으면서 전시회나 파워포인트 형식으로 여행 일지를 소개해보세요.

A2 이상
여러 시간

학습활동 32

사진 앨범

목표

- 여행 사진 앨범을 만들기 위한 정보 수집하기
- 다른 나라에서 일상 경험하기
- 문화적 차이 인식하기
- 탈중심주의 촉진하기

1단계

- 3명씩 조를 이루어 여러분이 어떤 경우에 사진을 찍는지 말해보세요. 어떤 목적으로 사진을 찍나요?
- 〔종합하기〕 첫 번째 조가 그들의 결과를 발표합니다. 다른 조들은 보충해줍니다.
- 지시사항: 여러분은 여행의 추억을 간직하기 위해 어떤 사진을 찍나요?
- 〔종합하기〕 전체적으로 논의해보세요.

2단계

- 여행이나 학교 교류를 할 때, 학생들은 사진을 최대한 많이 찍어야 합니다. 매일 저녁 하나 또는 2장의 사진을 선택하고 설명할 수 있습니다.
  - 언제, 어디에서 찍은 사진인가?
  - 사진이 나타내는 것
  - 사진과 관련된 느낌(긍정적 또는 부정적)

■ 교사는 학생들에게 앨범을 완성하기 위해 여행안내소에 가서 방문한 도시의 안내서나 자료를 수집하라고 제안합니다. 이 자료들에 나타난 사진과 여러분이 직접 촬영한 사진의 공통점과 차이점은 무엇인가요? 왜 그런가요?

더 알아보기

■ 여행에서 돌아와 최고의 사진을 선별하고, 그룹과 참가자들 각각의 사진이 있는 단체 앨범을 만들어보세요. 이 앨범은 프로그램 안내서와 관련될 수도 있고, 블로그 형태로 공개될 수도 있습니다.

■ 예를 들어, 2010~2011년 카빌람 어학원의 베트남인 연수생들은 '프랑스 생활의 발견: 만남, 대화, 교류'라는 제목의 프로젝트에 참가했습니다. 그들은 온라인으로 소통하는 블로그(http://cavilamenligne.com/blogs/projet-vietnam/)를 만들었습니다. 이 프로젝트는 신문으로 발간하여 학교에 배포되었고, 블로그를 통해 그룹의 친구들과 지인들도 모두 읽을 수 있게 되었습니다.

학습활동 33

A2 이상
여러 시간

상호문화적 박물관

목표

- 익숙하지 않은 문화적 환경과 접촉하는 문제에 대해 회상적 관점 취하기
- 교류나 여행 검토하기
- 상호문화적 경험 발표하기

1단계

교사는 학생들에게 박물관에서 찾을 수 있는 것이 무엇인지 물어봅니다. 그러고 나서 교사는 학생들에게 다음과 같은 질문을 합니다. "학교에서 여러분의 상호문화적 경험을 공유하기 위해 작은 박물관을 열 것입니다. 여러분은 이 박물관에서 어떤 정보, 어떤 사물들을 전시하기를 원하나요? 그 이유는 무엇인가요?"

2단계

- 체류기간 동안 학습자들은 귀국 후 전시회를 준비하기 위해 사물, 이미지, 자료를 수집합니다.
- 여행 중 다음과 같은 사진을 찍어두세요.
  - 학생들을 국가별로, 전체 학생별로 찍기
  - 학생들을 섞어서 절반으로 나눠서 찍기
  - 다른 그룹에 속한 한두 명의 사람들과 함께 학생 개개인의 사진 찍기
  - 양쪽 학교의 교사를 나눠서 찍고, 다 같이 찍기
  - 두 가지 환경의 사물 사진 찍기 (예: 모국어로 된 과자상자와 목표

어로 된 같은 상표의 과자상자, 두 나라의 음식을 보여주는 사물들, 지역 축구팀의 두 가지 유니폼 등)

- 지시사항: 3명 또는 4명이 공동 박물관에 전시할 여행 일지나 사진 앨범의 설명과 정보를 선택하세요.
- 〔종합하기〕 각 그룹별로 제안된 아이디어를 비교해보세요.

  학생들의 선택에 따라 교사와 학생들은 박물관의 여러 파트를 결정합니다. (예: 기념물, 음식, 생활방식, 행동, 증거자료, 문화적 호기심 등)
- 지시사항: 3명 또는 4명이 조를 이루어 교실에서 선택한 정보나 자료를 이용하여 전시회 포스터를 만들어보세요. 완성한 후 교실에서 발표하세요. 반 친구들은 가장 멋진 포스터에 투표를 하게 됩니다.
- 지시사항: 4명이 조를 이루어 전시회를 소개하기 위해 그림이 있는 안내 자료를 만들어보세요. 완성한 후 교실에서 소개해보세요.

  반 친구들은 가장 멋진 안내 자료에 투표를 하게 됩니다. 다음으로는 안내 자료를 복사하고 학교에 배포합니다.

더 알아보기

- 상호문화적 박물관, 단체 여행, 만남의 결과를 소개하는 전시회를 만들어보세요.
- 전시회 출구에 방문객이 자유롭게 소감을 쓸 큰 게시판이나 칠판을 걸어놓을 공간을 예상해두세요.
- 게시판의 맨 위에 다음과 같이 쓰세요. "전시회에 대한 여러분의 소감"

어휘사전

고정관념(stéréotype) 현실과 현실에 대한 우리의 인상 사이에 존재하는 정신적 인상. 이것은 어느 한 집단의 집단적이고 단순화된 표상이다. 이 인상은 어느 한 집단 구성원 전체에게 부여되는 특징이나 행동에 해당하고, 현실을 일반적으로 그리고 축소적으로 보게 한다.

공간 또는 공간학(Proxémie ou proxémique) 인간의 공간 관리와 조직에 대한 연구. 공간 개념은 문화에 따라 다르며, 소속 문화에 따라 결정되고 문화적으로 습득된다.

내집단(Endogroupe) 개인의 소속집단. 이 집단은 개인과 서로 관련된 집단의 다른 구성원들로 이루어져 있다. 집단의 소속감을 보여주는 집단적 '우리'는 내집단의 구성원들이 '외집단'이라 불리는 다른 구성원을 참조할 때 나타난다.

다문화주의(multiculturalisme) 여러 문화적·민족적·종교적 집단들이 각자의 특수성을 유지하면서 공존하는 사회. 다양성은 인정되지만 집단들 간의 상호작용은 상호 접촉과 풍요로움으로 이어지지 못하고, 구별되는 정체성의 보존으로 이어진다.

동작 또는 동작학(Kinésie ou kinésique) 일반적으로 근육활동과 운동을 가리키는 명칭. 이것은 소속문화에 의해 결정되는 동작에 관한 연구이다. 이것들은 내집단에서 습득되고 문화적으로 전수된다.

문화(culture) 각 개인이 정해진 문화집단에 소속되어 사회화 과정 중에 습득한 가치, 행동, 관습, 의견.

민족중심주의(ethnocentrisme) 세상을 오직 자기 문화를 통해 보고, 자기가 속한 집단(내집단)을 다른 집단(외집단)에 비해 유리하게 그리고 우월하게 보는 경향.

범주화(catégorisation) 모든 사람이 자신의 환경을 범주로 나누어 이해하는 인지적 과정. 이 과정은 현실의 구성요소들을 분류하도록 한다. 사람은 어떤 특징을 이유로 자신이 어느 범주에 속하게 되는지를 안다. 이렇게 어떤 범주로 분류되면 그 범주의 모든 특성이 그에게 부여된다.

복수문화주의(pluriculturalisme) 복수문화주의적 사회는 여러 문화들로부터 영감을 받는다. 복수문화적이 된다는 것은 적어도 2개의 문화에서 상호작용하고 의사소통하기 위해 지식, 언어-문화적·행동적 기술과 태도를 획득하는 것을 의미한다. 그래서 복수문화성은 여러 개의 문화에 참여하고 동화되는 능력이다.

비언어 의사소통(Communication non verbale) 구어 없이 발생하거나 구어와 관련된 의사소통. 이것은 제스처, 몸짓, 자세, 공간 사용, 옷차림, 시선 등을 통해 표현되는 의사소통의 일부분이고, 말이나 단어가 없는 의사소통의 일부분이다.

사회중심주의(Sociocentrisme) 이러한 태도는 소속 사회의 중심주의에 의해 특징지어진다. 이 사회는 소속 관계가 존재하지 않는 다른 사회보다 더 좋고 우월한 것으로 여겨진다. 한 개인은 동일한 사회에서 여러 사회집단에 속할 수 있다. 예를 들면 가족, 직장, 언어문화적, 정치적, 종교적, 성적 등.

사회화(Socialisation) 사회적 정체성을 형성하고, 한 특정 사회의 개인을 통합하기 위해 가치, 규범, 태도가 전달되는 과정. 그래서 개인은 한 사회집단에 속하는 사회적 존재가 된다. 이 전달은 가족, 학교, 방송, 기업 등과 같은 사회화의 주체를 통해 이루어지고, 일생 동안 일어난다.

상호문화(적)[interculturel] 이것은 문화들 간의 가교를 건설하여 이질성의 수용과 만남, 개방에 도달하기 위한 (교육의 내용이 아니라) 절차이다. 다른 문화적 실행들과의 접촉은 개인에게 자신의 고유한 가치에 대해 생각해보게 하고 그것을 상대화하게 한다. 따라서 여기에서 중요한 것은 다양한 문화들 간의 역동적인 교류 과정이다.

외집단(Exogroupe) 내집단과 반대로, 모든 집단은 한 개인의 소속 집단이 아니다. 그래서 내집단의 집단적 '우리'와 반대로 '그들'이 나타난다.

유럽공통언어참조기준(Cadre européen commun de référence pour les langeus: CECR 또는 CECRL) 2001년 유럽의 언어 학습과 교육에서 공통의 어휘와 참조기준을 만들기 위해 유럽평의회가 발간한 자료. 본래 교육적·직업적인 지리적 이동을 용이하게 하기 위해 고안되었다. 이것은 언어교육과 평가에 관한 현대 교육학에 상당한 영향을 끼쳤다. 이 참조기준의 철학에서 화자는 공동체에서 행동하고 상호작용하는 사회적 행위자이다. 이 기준은 습득 능력을 정의하는 기술자와 관련된 수행의 수준(A1, A2, B1, B2, C1, C2)을 결정한다. 또한 언어 자격의 상호 인정을 위한 공통의 기반을 제공한다.

일반화(généralisation) 인간의 뇌가 한 범주 속에서 확인한 한 가지 요소 또는 특징을 사용하여 그것을 그 범주의 모든 구성요소나 구성원에게 적용하려는 인지적 경향. 범주화는 일반화를 야기한다. "그중 하나를 보았으면 모든 것을 본 것이다."("하나를 보면 열을 안다.")

자기중심주의(égocentrisme) 아동이 정신발달과정에서 보여주는 자연스러운 경향. 아동은 자신을 세계의 중심으로 여기고 모든 것이 자신을 중심으로 이루어진다고 생각한다.

정체성(identité) 한 사람에게 타인과 관련해서 자신을 정의하도록 하는 심리적 과정. 정체성은 하나의 돌로 이루어진 것이 아니라 그것을 구성하는 다양한 지시물로 인해 다차원적 성격을 띤다. 정체성은 개인적, 문화적, 직업적, 사회적, 종교적 등의 특징을 보일 수 있다. 그것은 이질성과의 관계로 인해 끊임없이 (재)구성된다. 따라서 정태적이 아니라 역동적이다.

타자성(altérité) 자신과 관련된 것이 아니라 다른 사람과 관련된 것. 타자성과의 만남, 즉 자신과 관련한 차이 속에서 타인의 존재를 인식하고 인정하는 것, 다르다고 지각되는 타인과의 만남을 가리킨다.

탈중심화(décentration) 자기 자신을 되돌아보면서 타인에게 긍정적으로 개방하려는 의식적인 정신적 과정. 개인이 자신의 모든 중심주의(자기중심주의, 사회중심주의, 민족중심주의)에서 벗어나 자신의 관점을 상대화하고 그것으로부터 거리를 두고 다른 세계관의 존재와 가치를 인정하는 것이 중요하다. 그렇다고 해서 자기 자신의 세계관을 부정해서는 안 된다.

편견(préjugé) 한 사회집단의 구성원에 대한 포괄적 평가 차원을 포함하는 태도. 이것은 이 집단의 유일한 소속 기준에 기반을 둔다. 편견은 '나는 좋아한다/좋아하지 않는다, 그는 그런 것 같다' 등과 같은 표현을 통해 나타나는 경향이 있다.

참고문헌

Abdallah-Pretceille M. (1999), *L'éducation interculturelle*, PUF.

Amosst R., Herscherberg-Pierrot A. (1997), *Stéréotypes et clichés*, Nathan Université.

Argod P. (2005), *Carnet de voyage. Du livre d'artiste au journal de bord en ligne*, Scérén CRDP Auvergne.

Beacco J.-C. (2000), *Les dimensions culturelles des enseignements de langue*, Hachette.

Beacco J.-C., Byram M., Coste D., Fleming M. (2009), *L'éducation plurilingue et intercuhurelle comme projet*, Division des politiques linguistiques - Éditions du Conseil de l'Europe.

Byram M., Gerald N., Parmenter L., Starkey H., Zarate G. (2003), *La competence interculturelle*, Editions du Conseil de l'Europe.

Byram M., Grinobkova B., Starkey H. (2002), *Développer la dimension interculturelle de l'enseignement des langues. Une introduction à l'usage des enseignants*, Éditions du Conseil de l'Europe.

Camilieri C. & Cohen-Emerique M. (1989), *Choc des cultures. Concepts et enjeux pratiques de l'interculturel*, L'Harmattan.

Clément J. (2000), La culture expliquée à ma fille, Seuil.

Colin L., Müller B. (1996), *La pédagogie des rencontres interculturelles*,

Anthropos.

Conseil de L'Europe (2001), *Cadre européen commun pour les langues. Apprendre, enseigner, évaluer*, Éditions Didier.

Delpuvée S., Légal J.-B. (2008), *Stéréotypes, préjugés et discriminations*, Dunod.

Éloy M.-H. (coord.) (2004), *Les jeunes et les relations interculturelles*, rencontres et dialogues interculturels, L' Harmattan.

Ferrão Tavares C. (1999), «L'observation du non verbal en classe de langue», in *Études de Linguistique Appliquée*, n° 114, Didier-Érudition, p. 153-170.

Galisson R. (1991), *De la langue à la culture par les mots*, CLE International.

______. (1997), «Problématique de l'éducation et de la communication interculturelle en milieu scolaire européen», *Intercompreensão n.° 6: Razão e emoção à procura de outras vias para a aula de Línguas*, Escola Superior de Educação de Santarém.

Hall E.T. (1984), *Le langage silencieux*, Seuil.

______. (1971), *La dimension cachée*, Seuil.

Huber-Kriegler M., Lázár I., Strange J. (2006), *Miroirs et fenêtres - Manuel de la communication interculturelle*, Éditions du Conseil de l'Europe.

INRP (2007), *Approches interculturelles en éducation*. Étude comparative Internationale, INRP.

Lázár I, Huber-Kriegler M., Lussier D, Matei G., Peck C. (2007), *Développer et évaluer la compétence en communication interculturelle*, Éditions du Conseil de l'Europe.

Legal J.-B, Delouvé S. (2008), *Stéréotypes, préjugés et discriminations*,

Dunod.
Legendre R. (1988), *Dictionnaire actuel de l'éducation*, Larousse.
Maalouf A. (1998), *Les identités meurtrières*, Le Livre de Poche.
Mucchielli A. (1999), *L'identité,* PUF.
Quéruel A.-M., Gallo P. (2008), *50 activités autour des carnets de voyage*, Scéren CRDP Basse Normandie.
Rosen E., Reinhardt C. (2010), *Le point sur le Cadre européen commun de référence pour les langues*, CLE International.
Verbunt G. (2011), *Manuel d'initiation à l'interculturel*, Chronique Sociale.
______. (2011), *Penser et vivre l'interculturel*, Chronique Sociale.
Weaver G. R. (1986), "Understanding and Coping with *Cross-cultural Adjustment Stress", Ed. Cross-cultural Orientations: New Conceptualizations and Applications*, University Press of America.
Windmüller F. (2011), *Français langue étrangère. L'approche culturelle et interculturelle*, Belin.
Winkin Y. (1981), *La nouvelle communication*, Seuil.
Zarate G. (1993), *Représentations de l'étranger et didactique des langues*, Didier.

지은이 로즈마리 샤브 Rose-Marie Chaves

Cavilam-Alliance Française의 교사로 외국어 교육, 특히 문화, 상호문화, 프랑스어 교육 분야의 전문가이다. 캐나다의 맥길 대학(Mc Gill University), 포르투갈의 Minho 대학에서 연구 및 강의 경력이 있다.

지은이 리오넬 파비에 Lionel Favier

Cavilam-Alliance Française의 교사로 활동하였고, 현재 아비뇽(Avignon) 언어교육센터를 운영하고 있다. 언어 교육 및 교육 공학 분야의 석사학위를 받은 후, TV5 Monde, CLÉ International 등에서 근무하였다. 특히, 디지털 교육 개발에 관심이 많으며 Azur Learning를 개발하여 다양한 프로젝트를 추진 중에 있다.

지은이 스와직 펠리시에 Soizic Pelissier

Cavilam-Alliance Française에서 다양한 국가에서 온 학생들에게 프랑스어를 가르치고 있다. 문화학, 언어문화교육학 분야에서 석사학위를 받은 후, TV5 Monde, FLE 교육학, 교사 교육 등과 관련된 다양한 활동을 펼치고 있다.

옮긴이 서영지

현재, 서울대학교와 인하대학교에서 프랑스어 및 프랑스 문화 관련 강의를 하고 있다. 대학원 재학 시절, 용인한국외대부설고등학교, 과천외고 및 한국교육개발원에서 프랑스어를 가르쳤으며, 2016년 「고등학교 프랑스어 교육에서의 상호문화접근법 적용 방안 연구」(서울대학교)로 교육학 박사학위를 받았다. 그 후, 서울대학교 사범대학 공동연구원, 국립국어원 공동연구원, 계명대학교 CORE 사업단 연구교수 등을 역임하였다. 연구 관심 분야는 상호문화교육, 상호문화역량, 외국어(프랑스어) 문화교육과 관련된 분야이다.

대표 논문으로는 '외국어교육에서의 학습자의 위상 변화에 관한 연구: 상호문화화자를 향해(2018)', 'Michael Byram의 '문화적 전환'에 관한 연구: 사회문화능력에서 상호문화의사소통능력으로(2018)', 'Beyond Multiculturalism: Interculturalism as an Alternative in Changing South Korea(2017)' 외 다수, 역서로는 『다문화 사회와 상호문화경영(2019)』이 있다.